Worte Rudolf Steiners zum Lehrplan
シュタイナー教育ハンドブック
ルドルフ・シュタイナー 著
西川隆範 編訳

Steiner Books

風濤社

Worte
Rudolf
Steiners
zum
Lehrplan

【目次】

Contents

● 緒言──幼年期・学童期・思春期 ... 7

● 国語（ドイツ語）... 23
文字の習得 24
1〜8学年のカリキュラム 25
9〜12学年のカリキュラム 29
メルヘン・方言・発話 32
文法のイメージ・文体 38
文法感覚・美的感覚 39
文字について（1） 41
文字について（2） 42
作文と年齢 42
作文の内容 42

● 算数・数学 ... 45
ピタゴラスの定理（1） 46
9歳と12歳 46
1〜8学年 47
9〜12学年 49
図形・空間感覚 52
ピタゴラスの定理とカルノーの定理 55
1という数 56
算数と道徳 57
3次元 58
算数・数学の特徴 59
ピタゴラスの定理（2） 60

● 理科 ... 63
動物・植物・鉱物 64
3〜8学年 66
3〜12学年 66
博物学について 68
授業と学者 69
細胞学と天文学 70
人間と動物界 70
鉱物・植物・動物・人間 71
植物と大地・動物と人間 73

● 物理 ... 75
物理的経過 76
6〜8学年 77
9〜12学年 78
実験と考察 81

力学	83
生活からの出発	84

●化学　　　　　　　　　　　　　　　　　**85**
7～8学年	86
8～12学年	86

●生活科　　　　　　　　　　　　　　　　**89**
1～3学年	90
10歳以前の子ども	90

●地理　　　　　　　　　　　　　　　　　**93**
線描と地理	94
地図	94
4～8学年	94
8～12学年	95
地理と歴史	98
空間の表象	100
植物相	100

●歴史　　　　　　　　　　　　　　　　　**103**
歴史の授業	104
4～8学年	104
8～12学年	105
歴史と現代	108
状況の描写・客観性・時間の表象	108
10学年	111
12歳の学び（1）	112
12歳の学び（2）	113

●外国語　　　　　　　　　　　　　　　　**115**
翻訳について（1）	116
1～12学年	116
言語の習得	120
翻訳について（2）	121
9歳・10歳以前と以後	121

●美術　　　　　　　　　　　　　　　　　**125**
形態と色彩	126
6学年までの授業	128
色彩と明暗	129
上下2つの力	131
絵の具	132

絵の具	132
色彩体験	133
色彩遠近法	133
彫塑の意義	135
色彩と形態・面と線	135

●音楽　139

9歳以前・9歳以後	140
音楽と美術	142
1〜8学年	143
1〜12学年	144
歌	145
歌唱と演奏	146
天球の音楽と内的な音楽	147
リズム・拍子	148
9〜10歳	149
器楽	150
音楽と人間形態	151
人体と楽器	151

●芸術史　155

8〜12学年	156
9学年	158

●体育・オイリュトミー　161

身体の快適さ	162
体操とオイリュトミー	162
身体の生理学と心魂の衛生学	164
1〜8学年のオイリュトミー	165
遊戯と体操・呼吸と血液プロセス	165
心魂のこもった体操	168
考察と体操・姿勢・休憩	169
体育教師	172
体育と勉強	172
外的な体育と内的なオイリュトミー	174
彫塑とオイリュトミー	175
スポーツとオイリュトミー	175

●手芸・手仕事　179

手を意識する	180
カリキュラム	180
男子と女子	181
色彩体験	181

実生活	182
男子と手芸	183
靴作り	183

●工芸　　　　　　　　　　　　**185**
農作業	186
工作と芸術性	186
工芸を学ぶ年齢	187
実用品と芸術性	188

●技術　　　　　　　　　　　　**189**
生活への関与	190
身近な事業	191
10〜12学年	191
男子と女子	192
さまざまな職業	193

●概観　　　　　　　　　　　　**197**
1学年	198
2学年	198
3学年	199
4学年	199
5学年	200
6学年	201
7学年	201
8学年	202
9学年	203
10学年	204
11学年	205
12学年	206

編訳者あとがき	211
出典	213

緒言——幼年期・学童期・思春期

「近代教育学の父」と言われるコメニウス（1592-1670）は汎智学（Pansophia）を唱え、「あらゆる事柄をわずかな労力で、愉快に着実に学べる」方法を考案しようとしました。人間が生来うちに持っている能力を年齢に応じて成熟させ、自分自身の理性で物事を正しく認識できる人間を育てようと考えました。

「近代教育思想の始祖」とされるルソー（1712-78）は書物中心の教育を批判して、感覚体験を重視し、自由な存在として生まれた子どもに幸福な幼年期を過ごさせよう、と説きました。彼は理性重視の合理主義に対して、心情の意味を強調しました。生徒みずからが学ぼうとするのを大人は助けるべきだと考え、感性的判断（幼少年期）から悟性的判断（少年期後期）、そして理性的判断（青年期）に到るという3段階の発展を語りました。

ルソーの影響を受けたペスタロッチ（1746-1827）は模倣を教育手段として、子どもの自然な歩みに沿う教授法を打ち立てようとしました。頭（知性）と心（心情・道徳）と手（技能）の調和的な発達を重視し、子どもの素質を伸ばす教育方法を探究しました。

ペスタロッチに学んだフレーベル（1782-1852）は、自由で思索的・活動的な人間の形成を目指して、労働に追われる両親に放任された幼児のために幼稚園を作りました。知能を育てる遊具＝恩物を考案するとともに、集団遊戯によって規律と思いやりを育てようとしました。

モンテッソーリ（1870-1952）は、いわゆる障害児が感覚刺激によって知能を獲得するのに注目して、それを一般の子ど

もたちに応用し、教具を用いる科学的教育学（pedagogica scientifica）を開発しました。彼女は〈子どもの家〉を作った1907年、神智学（Theosophy）協会の代表者ベサントに「未来の教育者」と評されました。彼女は1939年から46年までインドの神智学協会本部に滞在して、教育学の新たな体系化を行なっています。

「特定の宗教団体とのつながりがない教育運動のなかで世界で最も広がっているもの」と言われているヴァルドルフ教育を創始したルドルフ・シュタイナー（1861‐1925）は1907年、『精神科学の観点からの子どもの教育』を発表しました。彼は人智学（Anthroposophie）を創始した思想家です（彼はディルタイやヴントが使っていた精神科学という「簡素なドイツ語」を人智学と同義で用いることがよくあります。ヴァルドルフというのは彼が作った学校の名称で、これが彼の教育学を表わす語になりました）。シュタイナーが唱えたのは教育技芸（Erziehungskunst）です。

*

シュタイナーは人間を〈物質的身体・エーテル体・アストラル体・個我〉の4つに区分します。エーテル体は物質的な身体に浸透し、身体の成長・維持を担当する生命実質のことです。アストラル体というのは、思いの場＝心のことです。個我は魂＝自分そのものです。日本語で言えば、人間は〈体・生命・心・魂〉からできている、ということになります。

人間のこれらの部分が、およそ7年ごとのリズムで開発されていく、とシュタイナーは考えていました。生まれてから7〜8歳までは周囲を反映し、人々は善であると感じているときで、愛情ある家庭環境が大事です。7〜8歳から14〜16

歳までは、生きることの楽しみを感じ、すべては素晴らしいと思うときで、教師を尊敬できることが大切です。14〜16歳から21〜24歳までは、内的な自立に向かいます。知識を概念・理念のかたちで受け取り、ものごとを自分で判断できる人間になる時期です（約7年ごとの節目以外にも、自分と外界を区別する9〜10歳、因果関係を理解する12歳ごろ、自分の将来の方向を意識する18歳ごろが注目されます）。

　建築に譬えれば、小学校に入るまでが基礎を固める時期です。小学生のころは柱を立てる時期、中学・高校時代は屋根を乗せる時期だと言えます。基礎（体）や柱（心）がしっかりできていないうちに屋根（頭）を乗せようとすると、安定感に欠けた家（人）になります。幼児期に知育すると、心身が虚弱になる可能性が出てくるわけです。生まれてから7〜8歳まで、体の動きをとおして意志が形成されます。そして、7〜8歳から14〜16歳まで心・感情を育て、14歳ごろから本格的に頭・思考を使うという、おおまかな見通しが立てられます。

　3歳ごろにしっかり歩けることが、しっかり話せる土台になります。5歳ごろにしっかり話せると、しっかりと考えられる基盤ができていきます。1歳で歩きはじめて3歳で歩行が完成し、2歳で話すようになって5歳で言語の基礎が出来上がり、3歳で思考の目覚めが現われて7歳で思考の基盤ができます。早く歩かせようとしたり、大人が幼児語を使ったり、いろいろなことを記憶させたりすると、のちに心身に問題が出ることがあります。幼年期の成長力が想像力に変化し、さらに知力へと変化していきます。

　感覚をとおして入ってくる印象と想像力が脳を育てていきます。穏やかな感覚的印象と、想像力を刺激する素朴なおも

ちゃが大事です。本物そっくりにできている玩具は想像力をせき止めてしまい、知育目的の抽象的な遊びは子どもを生活から引き離していきます。遊びは、大人の仕事の真似をして、生活能力へとつながっていくものがよいはずです。

　幼児は全身で周囲の印象に没頭しています。自分と周囲との境界は、はっきりしません。ですから、環境から大きな影響を受けます。安らかな印象を与える環境づくりが第一です。子どもは、きつい味付けのものを好むことがありますが、それが体によくないことは、だれもが気づくでしょう。同様に、けばけばしい色・形や騒々しい音は、子どもの心身を害します。まわりの大人の行動も、子どもに影響します。落ち着いた愛情のある言動を大人たちがしていることが大事です。子どもは大人の様子を真似て、その人と同じような気分になっていきます。

　1～2歳から同じ言葉を何度も繰り返すことによって、記憶ができていきます。そして、毎日おなじ時刻に同じことが行なわれるよう求めます。同じ日程の繰り返しが安心感を与え、意志を強くします（いま日本の学校で、同じ教科が曜日によって違う時限に教えられることがありますが、同じ時限にしたほうが子どもの意志を安定させるはずです）。なじみの話、いつもの遊びなど、生活のなかに繰り返しがあると、意志の強い子になります。1日を静かに始め、元気に過ごしたあと、静かに終えます。3歳ごろ、言葉の習得が進み、正しい構造の文を語るようになります。それとともに、思考が目覚めてきます。記憶がはっきりしてきて、それと同時に、自分を意識するようになります。個我の最初の目覚めです。

　約7年間で体の基礎を構築した生命は、記憶をたくわえ、イメージを形成するという活動を始めます。いままでは心身

の区別がはっきりしていませんでしたが、7歳ごろ、心が独自の思考・感情・意志の力を発揮しはじめます。

*

　子どもが自分で判断できる年齢になるまで、大人が模範を示すことが大事です。子どもは周囲の大人の言動を模倣することをとおして成長していきます。ですから大人が、自分の行為に現われる内面の思いをよいものにしておくことが大切です。真似をする手本を親が示さないと、子どもの意志は盲目のものになります。幼いうちから子どもに自分で決定させると、無気力で不機嫌な人間になります。子どもの言いなりにしていると、子どもは基準とするべき見本がなくて、のちに自分を支配できなくなります。

　幼年期に大人の行為を手本にした結果、内面に良心が形成されていき、その良心が思春期以後、自分の行動の指針になります。親の行為・発言を模倣することをとおして、子どもは親の考え・思い、つまり親の道徳性を吸収するわけです。それが、その子の道徳性を形成していきます。また、あらゆる学科が道徳感覚を育成するので、別個に道徳の時間を設ける必要は本来ない、と考えることもできます。算数や文法も、その美しい秩序を学ぶことによって、道徳感覚が養われます。子どもたちは精神的に進化しつつあるので、復古的な道徳はそぐいません。

　3歳半ばごろから、童話を聞くことができます。古典的な童話をとおして、子どもは善悪を学ぶことができます。童話を語るときは劇的にせず、勧善懲悪的な抑揚はつけません。淡々とした語り方にします。1つの童話を1カ月つづけて語るのがいいと思います（3週間か2週間ごとに変えるのでも

いいでしょう)。きれいな心の主人公に幸いがもたらされるというイメージが、子どもの生涯を力づけます。子どもが小さいうちは、ストーリーに葛藤の少ないものがよいでしょう。もうすこし大きくなったら、主人公が古い世界の加護から離れ、自分で先へと進むことによって新しい結び付きにいたる過程を物語るメルヘンを取り上げるとよい、と思います。厳選した数話〜十数話ぐらいの話を繰り返し物語ると、メルヘンに含まれている力が子どもに浸透していくと思います。

　大人が感情的に怒ると、子どもは大人の怒りに反応し、叱られている内容を洞察できません。いつも叱られて、びくびくしていると、子どもは不器用になっていきます。叱りすぎると子どもは過敏になり、叱らないと、良心が欠如した人間になります。厳しすぎるしつけは子どもを受動的にし、やがて外界に対する関心を失わせ、ついには暴力的な行動に走らせます。甘やかすと、子どもは自制する力を持てません。放任主義にした場合、子どもは無気力になりがちです。

　なにか手伝ってもらうとき、「ほうびをあげる」と言う必要はありません。親の手助けをできること自体がうれしかったのに、ほうび目当てに手伝うようになってしまいます。叱るときも、「罰」を云々すると、自分の行為の善悪を考えないまま、罰を恐れて行動を控えることになります。

　学童にとって、大人は確かな判断をするオーソリティーである必要があります。子どもは風格ある大人を見上げ、そこに向かって成長していこうとするものです。大人の意志が弱っていると、子どもは落ち着きがなくなります。大人が手で仕事をすることが少なく、機械に頼りすぎたり、将来への不安や悲観があると、子どもは落ち着きをなくします。大人が世間を中傷することが多い場合も、子どもは落ち着かなくな

ります。落ち着きのない子を癒すのは、大人が発する敬虔な雰囲気です。そのためには、大人が内的な平安を育てる時間を確保しておく必要があります。

　大人自身が知的に硬化していない、自由で創造的な人間である必要があります。そのためには、自然体験・芸術体験によって、心に抑圧のない、開放的でくつろいだ人間になっているとよいでしょう。最も大事なのは、大人が明確な考えをもって行動していることです。

　　　　　　　　　　　＊

　ヴァルドルフ教育＝シュタイナー教育では、子どもを４つの気質に分類します（複数の気質が混ざっていることがよくあります）。

　火のような胆汁質は意志が強く、決断が早く、目的がはっきりしています。自己流の正義感で怒りやすく、危険を好みます。時間に正確で、食べ物に好き嫌いはありません。風のような多血質は気が変わりやすく、ものの見方は楽観的です。しかし、浅はかなところがあります。水のような粘液質は１人でいるのが好きです。のんびりしていて、激することがありません。人から言われたことは正確に行ないます。友だちを作りにくいのですが、できた友だちには忠実です。食べすぎ・寝すぎの傾向があります。土のような憂鬱質は寝付きが悪く、朝は不機嫌です。悲観的で敏感で、自己中心的です。自分を閉ざしているのですが、好きな人にはすなおです。不幸な人を見ると安心して、同情します。

　胆汁質の子どもは、大きな関心を示してもらわないと不満を感じます。その子の能力を少し越えた課題を与えるのが有効です。尊敬できる権威者がいると、自制できます。多血質

の子どもには、生活に静かなリズムが必要です。1つの遊びに変化をつけながら、その遊びを続けるようにします。粘液質の子どもには、早朝の手伝いをさせるとよいでしょう。その子自身には無関心なふうにしているのがよいのですが、その子がものごとに興味を持つようにさせる工夫が必要です。注意を促すのではなく、子どものそばにいる大人が周囲の事物に気づく様子を見せていればよいでしょう。一緒に遊ぶときに、少しテンポを早めていきます。憂鬱質の子は心身の暖かさを必要としています。大人は人生の苦悩を背負う人間として、みずからの苦しみへの対処を語るようにします。物語も、悲話を選びます。

　大人が子どもと同じ気質を演じることも、子どもの気質を程よくする効果があります。食事を工夫することもあります。胆汁質の子どもには、雑穀のほか生野菜や甘いものを与えます。多血質の子どもは砂糖や肉を控えめにし、乳製品を摂ります。粘液質の子どもは卵を控えめにし、おかずは塩味にして、食事量を少なめにします。憂鬱質の子どもは根菜を控えめにして、果物や、暖かく甘いものを摂ります。ちなみに、父親になる人が飲酒すると子どもの神経に問題が生じ、母親になる人が飲酒していると子どもの内臓に影響が現われる、とシュタイナーは述べています。

　親や教師の気質が、子どもに影響します。大人は自分の気質をよく認識して、適度なものにする必要があります。胆汁質の大人は子どもを驚かせるような言動をするので、子どもは不安を感じます。多血質の大人は子どもから深い印象を受けず、子どもは生命の喜びを抑えられ、活力がなくなることがあります。方向が定まらず、意志の弱い人間になる可能性があります。大人が粘液質の場合、子どもは精神的な呼吸困

難に陥り、神経質になったり鈍重になることもあります。憂鬱質の大人は自分自身に関わっており、子どもとの関係を築こうとしないので、子どもは感情が抑圧され、心が冷えます。

*

　学童期は、イメージ的・絵画的・音楽的な学習が大切な時期です。このころ、尊敬できる大人がいないと、自由な人間へと成長していけない、とシュタイナーは考えていました。また、思春期に個性が目覚めないと、依存的・反抗的になっていく、と考えていました。少年期における抽象的思考は、批判的・衝動的な言動を誘発します。

　7歳ごろから14歳ごろまで呼吸系・循環系が発達します。呼吸と血液循環との調和が生まれると、子どもはリズム・音楽を欲します。小学生は面白いもの、興味あるものを、労苦なしに覚えていきます。言葉をとおして、ものごとを習得するようになっていきます。この時期の勉強に関して大事なのは、どの授業も美術的・音楽的な要素に満ちていることです。

　ヴァルドルフ学校＝シュタイナー学校では、教師は教科書に頼って授業をしません。自分が身に付けた知そのものを語ることができて初めて、生徒はその先生の話に耳を傾ける、と考えています。生徒は絵本のようにきれいにノートをとり、それが教科書に代わるものになります。

　シュタイナー学校に入ると、図形・紋様を描く授業（フォルメン）があります。これが思考の練習になります。そして文字を、絵から派生させるしかたで教えていきます。たとえば「う」は鰻の絵から、「し」は尻尾の絵からというふうにです。

　7歳を過ぎると、子どもは外界を感情によって受け入れよ

うとします。まだ、知的に受け入れるのではありません。3歳で目覚めた個我は、9歳で1つの発展段階を迎えます。幼年期の夢のような世界は消えていき、自分と他人をはっきり識別します。また、人間と人間以外のものをはっきり区別するようになります。いままで気づかなかったものごとに気がつくようになり、親や教師を批判的に見るようになります。自意識が発達し、世界を科学的に把握しようとします。このころ、子どもは外界としっくりいっておらず、内面に不安を持っています。子どもは孤独を感じます。かまいすぎると、内に閉じこもります。自分の内にこもるのですが、人に理解してほしいと望んでいます。9〜10歳のときに必要なのは、人間への信頼を失わないことです。子どもが自分を周囲の世界と区別した時点で、子どもを周囲の世界に導くことが教育の課題になります。

シュタイナー学校では、9歳になると生物の勉強を始めます。文法の勉強も始めます。正しい文法で話しているという自覚が、自意識を健全に発展させます。音楽は、9歳までの子どもは5音音階（レミソラシ）の曲にふれているのがよく、9〜10歳から長調・短調の体験を取り入れます。

12歳になると、ものごとの因果関係を理解したい、と思うようになります。知的・思考的な勉強に向いてきます。5年生ごろ歴史・地理、6年生ごろ鉱物学・物理学、中学1年ごろ化学に取り組みはじめます。シュタイナー学校では、外国語は1年生から2つ始めるのですが、実用性という観点もさることながら、母国語と合わせて3つの言語が、それぞれ思考的言語・感情的言語・意志的言語という組み合わせになるのが理想的です。

子どもは人類が通過してきたことを、自分の成長につれて

順に体験していくものです。例えば、楽器はまず昔からあるもの、自分の体の一部のように手にできるものからにします。近代の楽器（ピアノ）は少し大きくなってからにします。また、鍵盤ハーモニカよりも、よい素材の楽器のほうが音感を育成するはずです。日本の公立小学校では、昔に比べてどの教科も格段に改良されていますが、図工だけは現代アート的な面白さに傾いて、心の育成にはあまり寄与していないように思います。絵は、小さいうちは色彩を心で体験することが中心で、形を頭で把握するのは少し大きくなってからです。現代の発明品であるコンピュータは、青年になってから習得すべきものです。コンピュータは仕事に使うものであり、遊びに使うと没頭して、受ける影響が大きくなります。

　思春期は個性が目覚め、自立に向かう時期です。思春期には、内面とは逆の行動をするという特徴があります。思春期の少年は、内面に閉じこもりがちです。自分を表に出さず、不良の真似をしてみることもあります。少女は自由で開放的な自分を示しますが、人に対して批判的になります。シュタイナーは、少々のことはいちいち注意せず、大目に見ていました。少年にはユーモアをもって接するのがいい、と考えていました。思春期に大切なのは、理想を持っていることです。少年には英雄の性格を物語り、少女には偉人の美しい行為を物語ります。思春期の少年少女は、人生は崇高な目的のためにあると思っているので、大人がそれを挫くようなことをしてはいけません。自然の雄大な美を体験するのもよいことです。授業が面白ければ、子どもは熱中して、性的なことや暴力的なことに気持ちが向かない、とシュタイナーは言います。また思春期には、父母を人間として知ることができます。

*

　シュタイナー教育では、春夏は眠り、秋冬は目覚めという季節の特徴を生かしてカリキュラムができています。ですから、秋はじまりの西洋のカリキュラムは、春はじまりの日本では調整する必要が出てきます。また、「ヴァルドルフ教育の本質的な課題は、民族文化に結び付くことだ。西洋的な教育内容によって、児童を自らの根から引き離してはいけない」(『ダス・ゲーテアヌム』2006 年 41 号)とされています。もちろん、日本主義に凝り固まるのは困ったことです。シュタイナーは極端に偏ることを戒め、均衡と温和さを勧めています。シュタイナーの人間観の基本を身に付けて、その根幹を保ちつつ、日本の風土に柔軟に応じていく必要があると思います。根幹がしっかりしていれば、変化自在に展開していけるでしょう(年中行事は、旧暦が新暦に切り換えられた時点で季節とずれてしまったものが大半なので、注意が必要です)。

　特に日本で問題になるものにテレビがあります。テレビは、自分の努力なしに楽しめるものです。その結果、思考が受動的になります。言葉が単純になり、集中力・創造性が低下します。長時間見ていると、受け身でありつづけた反動で、攻撃的になります。シュタイナー教育では、テレビを見ても害がないのは 16 歳以降と考えています。10 歳以後なら害はいくぶん少なくなりますが、親が一緒に見て、番組の内容についてあとで話し合って消化する必要があります。

　子どもをしつけるには、まず子どもを信頼することから始めます。親は夜、自分の子が今日どんなふうだったかを、願望をまじえずに、ありのままに思い浮かべてみます。教師は

学校に行くまえに、生徒1人1人を思い浮かべます。そのようなことが、不思議なことに、子どもとの関係を確かなものにしていきます。幼年期・少年期に体験した楽しさ・暖かさは、のちに意識の表面からは消え去っても、生きていこうとする力として、深みから作用しつづけます。

　この「ハンドブック」は、シュタイナーの講義録から学童期の要点を、教科ごとに整理して訳出したものです。シュタイナー教育における各教科・学年の概要を把握なさろうとするときに、本書がお役に立つことを願っています。

西川隆範

シュタイナー教育ハンドブック

Worte Rudolf Steiners zum Lehrplan
zwischen 1907 und 1924 in verschiedenen Städten

Alle Rechte an den Texten von Rudolf Steiner
bei Rudolf-Steiner-Nachlassverwaltung, Dornach/Schweiz

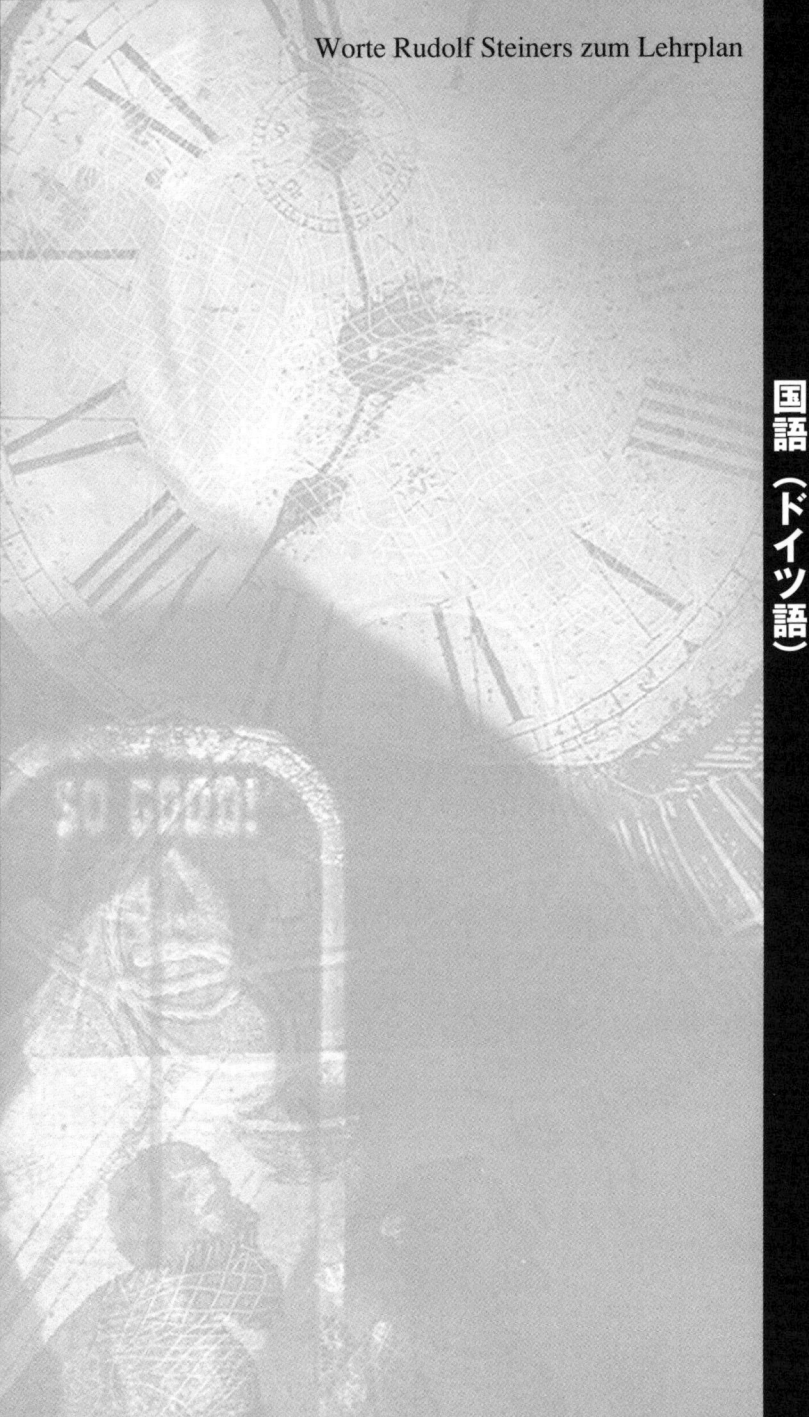

Worte Rudolf Steiners zum Lehrplan

国語（ドイツ語）

文字の習得

入学後しばらくのあいだ、クレヨンと絵の具で線描と絵画の練習を続ける。線描が書き方に先行していることが、よい土台に基づく授業の要件だ。線描から書き方を取り出すのである。手書きのものを読むことから、活字を読むことへと進んでいく。線描から書き方へ、書き方から書かれたものを読むことへ、手書きのものを読むことから活字を読むことへと移行していく。子どもが線描の要素をとおして、文字を書くのに必要な丸い形や直線の形を習得したら、読み書きの授業へと移行する。子どもが直線・曲線を手で書けるようになったら、文字というものが存在するということを子どもに示唆するのである。

子どもはアルファベットに親しむことによって、非常に世間離れしたものを身につける。しかし、Fという文字を魚（Fisch）の姿に結び付けると、子どもをふたたび世界に連れ戻せる。子どもを世界から引き離さないことが非常に大切だ。

生活に結び付かない作文を外国語で書かせるのは乱暴である。手紙や業務上の伝達・通知などにとどめるべきだ。いわゆる自由作文よりも、出来事・体験について物語るべきである。自由作文は民衆学校〔フォルクスシューレ〕［1〜4学年の基礎科と5〜8学年の本科からなる］ではまだ行なわない。見たこと、聞いたことを、民衆学校で物語る。そうしないと、子どもが人間文化に社会

的に関与できないからだ。

　人々がもっと真実を語るように、私たちの文化が発展することを配慮すべきである。そうなるためには、すでに幼年期から始めなくてはならない。だから、自由作文を書かせるよりも、見たもの・体験したものを物語らせるほうが重要なのである。生活において、でっちあげではなく、外的な感覚的事実に関して真実を語る習慣が子どもたちに植え付けられる。

　この領域では、意志も考慮されなくてはならない。だから、子どもが字を書けるようになると、特に12歳以後、実際に見たことを語らせねばならない。本来まだ民衆学校に属さない自由作文を、民衆学校で行なったりしないのである。

【全集294巻】

1～8学年のカリキュラム

　1学年では、おもにおとぎ話を語る。2学年では、動物の生活を物語のかたちで述べる。動物がいかにふるまうか、私たちは寓話から事実に移っていく。7歳から14歳まで、自由な物語のトーンで、適切な内容を子どもに伝えていく。低学年においては、おとぎ話という宝庫を自由に使えることが必要だ。ついで動物界の物語を、寓話と結び付けて持ち出さねばならない。それから聖書物語を、宗教の授業とは別個に取り上げる。続いて、古代の情景、中世の情景、近代の情景を取り上げる。ついで種族についての物語、種族がどのような性質か、自然という土台に関連するものを語らねばならない。それから、インド人・中国人・アメリカ人など、民族相互の関係、民族の特徴、つまり民族認識へと続く。まとめると、つぎのような概観になる。1学年、おとぎ話。2学年、寓話に結び付けた動物界の物語。3学年、聖書物語。4学年、古

代の情景。5学年、中世の情景。6学年、近代の情景。7学年、種族についての物語。8学年、民族認識。

子どもたちが1学年に入ってくると、「子どもに語り聞かせる」ことと、「聞いた話を子どもが自分の言葉で語り直す」のに適した素材を見出すことを、まず私たちは考慮する。おとぎ話・伝説、そして外的な現実について語り聞かせ、聞いた話を自分の言葉で語り直させる。そうすることによって、私たちは本来の発話を育成する。方言から、方言と標準語の中間に位置する洗練された日常語への移行を果たす。子どもが正しく話すと、正しい書き方のための土台ができる。

「子どもに語り聞かせる」ことと「聞いた話を子どもが自分の言葉で語り直す」ことに平行させて、子どもを「造形的な形態言語」へと導いていく。丸い形、角張った形を、純粋に形態として子どもに描かせる。外的なものを模写するためではなく、純粋に形態として描かせる。この線描から簡単な絵画を発展させる。色を並べることによって、緑の横に赤を置くこと、黄色の横に赤を置くこと等がどういうことか、子どもは感受する。ここから、文字を書くことへと進める。このようなことを合理的に進めると、教師が子どもに語るものを、1年生が単純な方法で紙に書けるようになる。あるいは、子どもが自分の思ったことを、簡単な形で書けるようにする。そして、子どもが簡単なものを読めるようにする。1年生で、完結したものに到達する必要はない。大事なのは、1年生が活字にいくらか親しむことだ。なにかを簡単な方法で書き下ろす可能性を、自らの内に見出すことが大事である。

2年生では、教師が語り聞かせ、生徒が聞いた話を自分の言葉で語り直すことを継続・発展させる。2年生の子どもが、物語られたものを書き取れるようにしていく。子どもが先生

国語(ドイツ語)

の物語ったものを書き取れるようになったら、続いて、動物・植物・草原・森について子どもに語り伝えたものを短文で再現させる。1学年では、文法についてあまり教え込まないことが大事だ。しかし2学年では、主語とは何か、形容詞とは何か、動詞とは何かを、子どもに把握させる。それに結び付けて、簡単で一目瞭然の方法で、文章の構造を話し合う。

　3学年は本質的に、発話・読み書き、その他多くに関して、2学年の継続になる。見たもの、聞いたものを書く能力を伸ばす。短音・長音などについての意識的な感情を子どものなかに呼び出すことも試みる。3学年、8歳・9歳で、言葉の発音、言語の構造を感じ取らせるのがよい。品詞、文の成分、文の構成、句読点を子どもに理解させる。

　4学年も、「語り聞かせる」ことと「聞いた話を自分の言葉で語り直す」ことに関して、3学年の継続である。短い詩を取り上げて、1年生・2年生が本能的にリズム・韻・拍子を感じるようにする。そして、詩の内的構造、つまり詩の内的な美を、3学年・4学年の子どもに感じさせるのがよい。ついで、記述・叙述に関して、子どもがいろいろな種類の手紙を書けるように導く。そして、この時期に、時制、動詞の変化をとおして表現されるものを明確に表象させる。9歳と10歳のあいだに把握させるのである。同様に、感情的・本能的に、たとえば前置詞と、そのつぎに来る語との関連を子どもに理解させることを試みる。母国語で彫塑的に言語を組み立て、言語を彫塑的に感じることを、10歳ごろ練習する。

　5学年では、4学年で育成したものを繰り返して継続するのが大事だ。特に、動詞の能動形と受動形の区別を、この時期から考慮する。そして、この時期に、見たもの、聞いたものを自由に再現するだけでなく、聞いたもの、読んだものを

できるかぎり直接話法で引用する試みをさせる。引用符のなかに引用しなくてはならない。子どもが自分の意見を述べるときと、他人の意見を伝えるときとでどう違うか、語り手を顧慮する練習をたくさんさせる。ついで、書くときにも、自分が考え、見たことと、他人の口から伝えられたこととをはっきり区別させる。これと結び付けて、句読点の使い方をさらに完全なものにする。手紙の書き方を、さらに練習する。

　6学年でも、5学年で育成したものを、すべて繰り返し続ける。接続法についての感覚を育成する。その際、これらのことについて、できるだけ例をあげて、直接的に主張してもよいことと、接続法的に表現されねばならないものとの区別を子どもが学ぶようにする。そうすると、言語の内的な構造に対する感性によって、言語を感取するようになっていく。子どもがすでに知っていることがらに関して、簡単な手紙・商業文の書き方を学ぶ。3年生で牧場・森林などについて語られたことを、商業に関連するものへと広げる。それが、のちに簡単な商業文を書くための素材になる。

　7学年では、6学年で行なったことを継続する。そして、願望・驚愕・驚嘆などの表現形態を正しく把握させる。この感情の内的な構造に合った文章を、子どもに作らせる。その際、詩などを濫用して、願望文がどのように作られたかを示すのではない。直接、子どもに望みを語らせ、文章を作らせるのである。ついで、驚嘆したことを語らせ、文章を作らせる。あるいは、子どもが文章を作るのを手伝って、願望文と感嘆文を比べる。このような方法で、言語の内的構造を観照するのである。博物学の勉強によって、すでに子どもは狼・ライオン・蜜蜂などについて、文章で簡単な性格描写ができる。このような人間一般的な教養と並んで、この時期に特に

商業的・実用的なものを把握できるようにする。

8学年において、長文や詩を理解させることが重要である。演劇・叙事詩を、この時期に子どもと一緒に読むことが大事だ。説明・解釈を先に行なう。読むのは、その素材を用いた学習の最後の締めくくりである。特に8学年で、言語の授業において、商業・実用的なことに留意しなくてはならない。

【全集295巻】

9～12学年のカリキュラム

9学年でジャン・パウル『美学入門』のユーモアを扱った部分を読む。これは半年間の課題になるだろう。そして、ヘルマン・グリムのゲーテ講義に移る。

10学年では、小さなことにこだわる普通の学校方式を避けて、いきいきとした詩に拠って、韻律法と詩学を理性的に扱わねばならない。さらに、古文を学ぶ。時間が許すかぎり、文学作品が成立した状況について語る。偉大な文学作品の内容を子どもに伝え、古文の文法を現代語の文法と比較する。

2学年では、名詞・動詞という専門用語は必ずしも子どもに教える必要はない。7歳半の子どもは、活動と事物を区別できる。専門用語が大事なのではない。物語から出発して、名詞と動詞の区別を明らかにするのである。「走る」「跳ねる」と「人間」などとの区別を、子どもは把握できる。衒学的な文法の形にする必要はない。特に低学年の生徒には、定義を避ける。

10学年では、近代詩はまだ早い。ガイベルやマルリットを取り上げることはできない。マイヤーを取り上げることはできるだろうが、早すぎる。ヨルダンを理解できるのはもっと大きくなってからだ。12学年・13学年になれば理解できるか

もしれない。『デミウルゴス』を読めるには16歳・17歳になっている必要がある。現代の潮流を子どもに勉強させるのは誤りだ。

10学年で、『ニーベルンゲンの歌』『グートルン』、韻律法・詩学を学ぶ。11学年で、『ニーベルンゲンの歌』『グートルン』から中世の偉大な文学作品、『パルツィヴァル』『哀れなハインリヒ』に移る。これらについて、まず大まかなイメージを呼び出す。

動詞から出発するのは正しい。前置詞は非常にいきいきしている。名詞から出発するのは正しくない方法だ。

1時間、文法に従事したら、子どもの健康状態全体を害することになりうる。朝、子どもたちが主語・目的語・付加語・直説法・接続法などを区別させられるだけの、あまり面白くない授業を受けるとしよう。そうすると、直説法か接続法かを区別しなければならないとき、心魂の影響を受けずに朝食を消化することになる。そして、15～20年後に胃腸の調子が狂い、胃腸病になる。胃腸病は、よく文法の授業から発生するのである。これは非常に重要なことだ。本当に、教師が学校にもたらす気分全体がさまざまなものを巻き込んで、子どもたちに伝染するのである。なによりも重要な問題は、教師自身が文法ができないということだ。教員会議で、教員自身が文法の勉強をしたらいい。文法の専門用語の用い方はひどいものだ。教師は、自分が理性的な文法能力を身につけるために時間を十分に使っていない。このことが子どもたちに影響する。文法の授業はひどいものである。文法の本に載っているがらくたを、全部焼き捨てるべきだ。いきいきとしたものが入ってこなくてはならない。生徒は、完了とは何か、現在形とは何かを感じ取らなくてはいけない。言葉の精神が教

師のなかに生きていなくてはならない。消化不良の専門用語で、子どもは責めさいなまれているのである。

　10学年の子どもを『ニーベルンゲンの歌』の世界に導くことが大事だ。その時代は歴史的にどうだったのかを子どもが理解することが大事だ。できるかぎり、いきいきと目に見えるようにイメージ化することを試みる。正しいイメージを与えると、生徒は退屈しない。興味ある1節を取り上げ、美しい言葉を考察する。

　ゲーテの作品は絵画的な印象に帰し、ロマン主義の作品は音楽的印象に帰す。12学年で、この関連に取り組む。

　18歳で歴史・芸術を理解し、文学・芸術史・歴史における精神的なものを、人智学的ドグマなしに受け取ることが望ましい。

　8学年と9学年における国語の授業のなかに、衝撃力が少なすぎる。工夫を凝らして、文章の構成、文章のスタイルに子どもたちの注意を向けさせなくてはいけない。作文の授業で、文体感覚が発展しなくてはいけない。それは12歳で始めなくてはいけないだろう。形象的表現、隠喩・暗喩について語らねばならない。1つの語が文のなかで有する価値を把握しないと、句読点の付け方も習得できない。

　関係文が入ると、その論理を言語のなかに持ち込むことが必要になる。関係文に読点を打ち、文章の概念を子どもたちに正確に説明する。子どもたちは、文章は句読点によって分けられるということを学ばねばならない。ついで、言語において発展した思考の諸要素に進み、読点が大きな区切りを意味することを学ぶ。9学年で始めるのがちょうどよい。言語造形でやってみることができるにちがいない。特に刺激的な授業にしなくてはならない。退屈させてはならない。子ども

たちは、たいてい文法で退屈している。発話、書き取りにおいて、どのように文章が始まり、終わるか、注意させねばならない。句読点を書き取らせることによってではなく、文章の抑揚をとおして句読点を学ぶと、得るところが多い。句読点を書き取らせるのは困ったことだ。句読点を書き取らせるのではなく、子どもが聞くに任せるのである。

9学年で、完結した文への感覚を育成することによって、そうできる。文章の芸術的な構造について、子どもと話し合うことができる。文とは何かを子どもに意識させる。たとえば、ヘルマン・グリムの文章はよい見本だ。9学年で、簡潔な文と挿入文についての感覚を呼び起こす。非常に助けになるのは詩学である。子どもは隠喩・換喩・提喩とは何かを知らねばならない。比喩について教えると、子どもが文章を形成する助けになる。たとえば、「水の薔薇（睡蓮）、花咲く白鳥よ。白鳥、漂う薔薇よ」という文が何を意味するか、考察する。隠喩によって文が芸術的に完結することに対する鋭い感覚を、子どもは得る。

12学年で、文学史を概観する。最古の文学から始めて、現代にいたらねばならない。この学年では、近代を詳しく扱う。ニーチェ、イプセン、トルストイ、ドストエフスキーなどの作品を考察する。

【全集300巻】

メルヘン・方言・発話

子どもにメルヘンを読んで聞かせるか、自分でメルヘンを作り上げるかで、どれほど大きな違いがあるか、一度よく調べてみてほしい。メルヘンをたくさん読んで、読んだメルヘンを子どもに語ってみるとどうなるか。それらは、教師や親が自分で作ったメルヘンを子どもに語るときのような作用を

しない。自分でメルヘンを作ると、形成のプロセス、つまり生命的なものが教育者のなかに存在する。そのプロセスが子どもに伝わり、子どもに作用が残る。

国語(ドイツ語)

　原始的・図式的な子どもの線画を見ると、子どもの観照と子どもの原始的な自己感知が、人体諸器官のなかで合流しているのが見出される。子どもが描いた線の1本1本を、「ここでは、子どもは目に由来するものを描こうとしている。あそこでは、内的な感知に由来するものを描こうとしている」と、見分けることができる。6歳・7歳から9歳のあいだに、内的な器官知覚が育成されなかったら、すぐに知性が生い茂ってくる。この知性は根本的に、人間の知的ないとなみの敵であり、社会生活の敵である。私は人類の白痴化に賛成しているのではない。しかし、知性には寄生的な性質があるのを認識することが重要だ。知性は一面的にではなく、人間全体から現われるときにのみ完全なものと見なされる。芸術的な線画と音楽の授業が別の授業、特に言語の学習と数学に支えられているときにのみ、この方向で何かが達成できる。

　言語の授業の意味全体を知らねばならない。方言を話す子どもが、方言を話さない子どもと同じクラスにいると何が生じるかを知る機会があった。そこで、言語の学習の意味が明らかになった。方言を話す子どもを観察し、方言を話す子どもを指導するのは、非常に重要で興味深いものだ。どの方言にも特徴がある。方言は内的な器官感知のような、人間の内的感知に由来する。内的な器官の感知は、今日の主知主義の下で退いた。内的体験が根本的に、人間を言語のなかに導く。しかし、抽象的になった、いわゆる洗練された標準語においては、内的体験と音声で表現されるものとのあいだに、正しい関係がもはやない。

言語の比較研究をすると、原始的な言語のほうが標準語よりも言語の論理が優れていることが分かる。本当に原始的な言語には、注目すべき内的な論理がある。言語が文明化されると、論理はずっと抽象的で簡単になる。方言も標準語より内的な論理に富んでおり、方言を使うことによって非常に多くのことを達成できる。村の学校で、方言を話す子どもたちを教えねばならないなら、もちろん方言で始めなくてはならない。方言で子どもに語らねばならない。そして、すでに無意識に言語のなかに存在しているものを意識にもたらそう、と試みなければならない。文法である。文法は根本的に、非常にいきいきと教えることができる。子どもが語るとき、すでに文法は内在している、ということを前提にする。子どもが語るとき、すべてはすでに存在している。子どもに合った文章を語らせてみる。その文章の内的な関連と塑性を、子どもは感じる。子どもが無意識に行なっているものが意識的なものになるよう、子どもに注意を促す。小さなことにこだわった分析をする必要はない。子どもが発話を学んだときにすでに存在している、いきいきとした文法を意識へと引き上げることによって、文法を説明できる。本来、文法全部が人体のなかに入っている、と仮定できる。

　まじめにこのように仮定すると、「正しい時期に、無意識的な文法練習から、意識的な文法をいきいきと取り出す。そうすることによって、子どもの個我意識の成立に働きかける」と、思うにいたる。個我意識が正しく目覚める9歳ごろ、子どもの身体のなかに無意識に入っているものを、意識へと高めねばならない。そうすると、成長の経過のなかで子どもは9歳のとき、ユリウス・カエサルが「骰子(さい)は投げられた」と言ってルビコン川を渡ったような節目に、時宜を得た方法で

達する。正しい方法で、無意識的なものを意識に高める。そうすると、大人は成長しようとする子どものなかの力とともに活動する。外から子どものなかに持ち込む力によって活動するのではない。すでに話すことのできる子どもに、言語の授業をするわけだ。標準語を話す子どもと、方言を話す子どもとを交流させる。抽象的にではなく、感情に沿って、方言の文章を標準語に移す。このような言語の授業を1時間半おこなうと、かなり汗をかく。毎朝1時間半から1時間45分、このような方法で授業したら十分だ。

国語(ドイツ語)

　文法を教えるとき、私たちは本質的に子どもの目覚め・意識化を促進する傾向を追求する必要がある。9歳ごろに発展できる内的な力を促進する必要がある。言語の授業を、絶えず子どもを目覚めさせていくために利用しなくてはならない。

　方言で語ることができれば、私たちは子どもの目覚めをよりよく達成できる。子どもが7歳以前に標準語・書き言葉を学んでいると、その子の無意識を扱うのが非常に困難だ。その子の無意識は、すでにある意味で死んでいる。クラスのなかに、方言を話す子どもと方言を話さない子どもが混ざっている場合、文法の授業は常に、方言を話す子どもが提供するものに結び付けねばならない。私たちは文の構造、語の構造を、まず方言から探求しようと試みる。できるだけ簡単な構造の文を、子どもに語らせる。文には、内的に活動に活気を与えるものが含まれているだろう。内的に活気を与えるものから出発すると、語学の授業をとおして、子どもの意識を目覚めさせることができる。方言は無意識と密接に結び付いているので、人間存在のなかに生きている理性に拠ることをとおして、文法を方言から取り出すことができる。

　しかし、最初から標準語・書き言葉を話す子どもに教える

必要があるとき、知性が文法という規範を形成することを当てにしてはならない。与格・対格などと書いたり、終止符を打つ場所を指定することによって、子どもを文法に従わせようと考えてはならない。方言を話さない子どもに授業する必要があるなら、文法の授業をなによりも芸術的に行なわねばならない。文章に対するセンスに訴えかけねばならない。子どもは言語本能を携えて、民衆学校にやってくる。文章に対するセンスを、可能なかぎり9歳までに、子どものなかで形成しなくてはならない。この文章に対するセンスの形成を、芸術的に目指す以外にない。

権威に従うという、子どものなかの自然な衝動を利用して、文章など、私たちが子どもに教えるものを、可能なかぎり芸術的に形成する。そうすれば、文章に対するセンスが形成されるだろう。このようなやり方は、あらゆる権威を葬り去ろうとする今日には、多くの人々から嘲笑されるかもしれない。私たちは芸術的な形態についての感情を、子どものなかに呼び出す。断定文・疑問文・感嘆文のあいだにはどのような差異があるかを子どもに気づかせ、感嘆文は断定文とは異なったアクセントで語らせる。断定文は中立的に何の気なく語られ、感嘆文は感情のニュアンスをもって語られるのを、子どもに気づかせる。そして、言語の芸術的要素に注意を向けさせる。そうして、言語の芸術的要素から、文法と構文を発展させる。子どもが方言で私たちに語るものを利用して、言語のための自然な本能を発展させることができる。さらに、方言を利用して、文章に対するセンスを目覚めさせることができる。そうすると、言語の授業で成し遂げるべきことを達成できる。

なぜ今日の人間は、原子論への傾向を発展させたのだろう。

それは今日、子どもたちに分析的活動をわずかしか行なわせていないからだ。子どもは分析を求める。出来上がった単語のイメージから出発して、文字を分析するという活動を子どもにさせると、そこで分析への衝動が発揮される。そうすると、分析衝動があとに残らず、のちに原子構造を考え出すようなことにはならない。現在、唯物論が広がっているのは、分析的な衝動が満足させられていないからだ。単語のイメージを文字に分析することによって、分析的な衝動が満足させられたら、唯物論的な世界観に人間が共感することはなくなるだろう。だからヴァルドルフ学校でも、文字から出発して総合するのではなく、出来上がった文から出発する。文から単語を分析し、その単語から文字を分析するという授業をしている。そして、文字の音を示す。このような手順で、私たちは正しい内面化にいたる。子どもは文・単語を学校に携えてくるからだ。文・単語を分析することが、意識の目覚めに役立つ。

　メロディーとは何か、だれもが知っている。文とは何かも、知っている。しかし、主語・述語・目的語からなる文が、実際、無意識において1つのメロディーであることを知っている人はわずかだ。眠りのなかで感情の膨らみと消滅として体験される「感情曲線」が、意識のなかに入っていってイメージをまとうのを、人々は思い浮かべることができる。同様に、私たちは自分の存在の深みで文を音楽的に体験する。そして、私たちは外界に順応していくと、音楽的に感じたものに彫塑的な像をまとわせる。「子どもは、宿題を、する」という文は、主語・目的語・述語から成っている。人間の内部で3和音が感じられる。内的に感じられるのは3和音なのだ。最初の音を「子どもは」に投射し、つぎの音を「宿題を」に投射し、

国語（ドイツ語）

第3の音を「する」に投射することによって、3和音が生じる。

　まさに子どものころ、心魂を正しく取り扱うことが身体に大きな作用を及ぼす。子どもが明瞭に朗々と、まとまりのある文を話せるようになることには、非常に大きな意味がある。文章・音節を完璧に発音できるように配慮するのである。正しい呼吸は、正しく適切な発話からもたらされる。そのため、胸部器官の正しい形成は、正しい発話に拠る。いま猛威を振るっている肺病を、一度この観点から眺めるべきだ。

　「学校では、正しい音節の発音があまりにも顧慮されていない。なによりも、発話中に子どもが十分に呼吸することを顧慮していない。これが肺結核の原因なのか」と、問うべきである。その際、呼吸から発話がなされるべきではない。呼吸が発話からなされなくてはならない。正しく語らねばならない。正しい発話のための感情、音節の長短の感覚を発達させねばならない。そうすると、それに従って呼吸が整う。正しく語るために呼吸のトレーニングをしなければならない、と信じるのは馬鹿げたことである。正しい呼吸は、正しく感受された発話の結果でなくてはならない。そうすると、発話は正しい方法で呼吸に影響する。　　　　　【全集301巻】

文法のイメージ・文体

　たとえば語学では、言語のイメージを授業で考慮することに重点を置けば、教える内容をイメージ化するのは、そんなに困難ではない。どんな機会も逃さず、10歳・11歳・12歳の子どもに、いかに文章が区分されるかを見せる。たとえば、主文・関係文・条件文から成る複合文である。その文法が主要事ではない。文法はイメージにいたるための手段としての

み取り扱う。

　しかし子どもに、主文・関係文について具象的な表象を与えることを怠るべきではない。さまざまな方法で、それを達成できる。主文を大きな円にする。関係文を、中心が別のところにある小さな円にする。教えるとき、理論的にならず、イメージにとどまるようにする。条件文を円に向かう光線にして、具象化する。その放射が条件を表わす。教材をよく準備したあと、繰り返し、このイメージに戻ることが必要だ。

　10歳・11歳・12歳で、文体における精神的・性格学的なイメージを取り扱う。文章作法を教えるべきではない。内的な直観から、ものごとを把握すべきだ。たとえば、教科書に載っているような衒学的な読み物ではなく、本当に入念に用意した読み物を、気質に向けて用いることができる。内容についてではなく、憂鬱な文体、胆汁質的な文体について語ることができる。その際、内容は度外視する。詩的な内容、文の構造も度外視する。あまりにも細かく分析する必要はない。しかし、精神的・性格学的なイメージへの変容は成し遂げるべきだ。ふさわしい方法で必要な研究をする習慣がつくと、10歳・11歳・12歳・13歳の子どもに活気を与えることが可能になる。

【全集302 a巻】

文法感覚・美的感覚

　今日、多くの狂信が世の中を支配している。ある面ではまったく正しいことを、狂信的になるまでに駆り立てて、一面的なものにしているのだ。たとえば言語に関して、そうである。

　母国語を子どもは文法なしに学ぶ。当然、そのように学ぶべきである。子どもが学童期になって外国語を学ぶとき、文

法なしに教えるべきである。母国語を習得したときよりは、やや成熟した形の模倣によって、外国語を習うべきである。

　しかし、9歳と10歳のあいだの転換期がやってくると、衒学的ではない文法の知識を教えてほしい、と子ども自身が要求する。この年齢の子どもは、個我の発達に向かっていかねばならないからである。子どもは、以前よりも意識的にものごとを行なうことを学ばねばならない。だから、子どもがすでに話せる言語について、感情に即した言語要素のなかに、思考的な要素を持ち込まねばならない。ささいなことにこだわるのではない。刺激のある練習によって規則を認識することをとおして、思考的な要素を持ち込まねばならない。文法を学ばねばならないのである。

　9歳と10歳のあいだの重要な転換期に、子どもが論理的な拠り所なしに「これを私はどのように語るべきなのか」と思うようなことをなくすのだ。言語には2つの要素があり、常に相互に作用しているということを、明らかにしなくてはならない。思考的な要素と、感情に即した要素である。しかし、言語のなかの思考に沿った要素と、感情に沿った要素は、いたるところで混ざり合っている。今日の言語においては、すでに多くが麻痺している。

　かつての、言語の形成期には、いたるところに活動的・形成的な要素があった。感情に沿ったものが、思考に沿ったもののなかに持ち込まれた。9歳までの子どもは言語に対して、まったく感情に沿った関係しか持っていない。私たちが思考的な要素を持ち込まないと、子どもの自己意識は発展しないだろう。だから、思考的な要素を、理性的に文法の規則を教えるという回り道をして、子どもにもたらすことが必要である。なによりも母国語、そして外国語にとって重要である。

外国語は、まず習得し、それから規則を学ぶ。その際、つぎのようなことを考慮すべきだ。子どもは9歳と10歳のあいだに、言語の理解へと突き進む感情を獲得すべきである。文法感覚を、子どもにもたらすことができる。12歳ごろ、子どもは言語の美しさに対する感覚、言語に対する美的感受性を発展させるべきだということを、私たちは知らなくてはならない。そして12歳ごろ、理性的な意味で、立派に「美しく話す」ように努めるべきである。12歳ごろから性的に成熟するまで、他者を説得するための言語の操作に習熟させるべきである。言語の弁証法的な要素を発展させるのである。学校を終えるころに、言語の弁証法的な要素に導くべきだ。

「言語において私たちにはっきり現われてくるべきものは、まず生活自体のなかに存在する正しい言語に対する感覚、言語の美しさに対する感覚、ついで、人間が言語をとおして生活のなかに有する力に対する感覚である」と、言うことができるだろう。そのように、言語に関わる授業を行なうべきである。教師がこのようなことがらに精通することのほうが、出来上がったカリキュラムを手にすることよりもずっと重要だ。教師はこのような方法で、人生各期にふさわしいものをもたらす。教師は芸術および芸術的な処置によって、9歳・10歳までの生徒に記述の仕方を教える。この創造・造形に、子ども自身が関与する。

【全集303巻】

文字について（1）

どのように文字が作られていったかを、子どもに教えるべきである。簡単に現代文化における文字体系を教えてはならない。子ども自身が自分の本性から欲するものへと、子どもを導かねばならない。形成力は7歳までは子どものなかで活

動し、それ以後は自由になって、外的な心魂活動になる。この形成力を活動させるのである。

【全集306巻】

文字について（2）

今日のような形の文字を学ばせて、6歳・7歳の子どもを煩わせないことが、なによりも重要だ。子ども自身から発するもの、子どもの手や指の活動から発するものが重要である。子ども自身の活動から、文字が呼び出されるのである。

【全集308巻】

作文と年齢

教師はどの子どもの心魂も読み取れるようになる。大人数のクラスでも、心魂的に読み取ることは可能である。そうすると、内的な思いやりをとおして、「9歳以前あるいは10歳以前、子どもは世界と自分を区別できない。子どもは自ら作文を書くことができない」ということが分かる。メルヘンや伝説など、大人の口から聞いたものを再現できるだけだろう。

この年齢以後ゆっくりと、教師の語ったイメージと思考について子どもが自由に考え、感じ取ったものを書かせはじめることができる。しかし、作文を書くために必要な内的な思考は、およそ12歳で出来上がる。そのころ初めて、作文に移行することが大事である。これを早く始めすぎると、子どもを心魂的な佝僂病にすることになる。のちになって、内的に非才・虚弱にすることになる。

【全集309巻】

作文の内容

子どもが作文を書くとき、教師は作文のなかにファンタジーが躍動するよう導くことが大切である。教師が最初に正確

国語(ドイツ語)

に話していないことについて、子どもに作文を書かせてはならない。まず子どもが、自分が作文する内容についてよく知っていることが大切だ。作文の題材となることがらについて、教師は教師としての権威から語るのである。そうして、子どもは教師が語った内容を受け入れて、作文に取り組む。性的成熟期以前に、このようなやりかたをやめてはいけない。子どもに盲目的に、がむしゃらに書かせてはならない。

　作文の題材を教師が語る。そうすることによって、子どものなかに気分が呼び起こされる。その気分のなかに含まれないものは作文に書かない、という感情を子どものなかに呼び起こすべきなのである。そこにも、生命的なものが躍動していなくてはならない。教師の活力が子どもの活力に移っていかねばならない。　　　　　　　　　　　【全集311巻】

Worte Rudolf Steiners zum Lehrplan

算数・数学

ピタゴラスの定理（1）

　正しい年齢を選ばねばならないが、3時間か4時間で子どもを、幾何学の初歩、直線・角から、ピタゴラスの定理まで導ける。3～4時間の授業ののちに突然ピタゴラスの定理を扱うと、生徒は大いに喜ぶ。今日ではピタゴラスの定理にいたるまでに、どんなに迷惑千万なことが行なわれているか、考えてみてほしい。私たちは非常に多くの精神作業を浪費しており、それが生活のなかに示されている。　**【全集192巻】**

9歳と12歳

　幾何学へと発展するものが前もって線描のなかに存在していれば、9～12歳で幾何学に移行できる。線描で子どもに三角形・四角形・円・直線を示す。私たちが線描して、「これが三角形。これが四角形」と示しながら、線描から図形を説明できる。図形間の関係を探究する幾何学そのものは、9歳ごろに始める。

　幾何学の授業は実物教育・直観授業の形で行なうことができる。9歳以後の子どもに、ピタゴラスの定理を目に見えるように教えると、意味がある。これまでの幾何学の時間で扱ったものを教師が意識していれば、せいぜい7～8時間で、ピタゴラスの定理の理解に必要なことをすべて教えることができる。このようにして幾何学の基礎を具体的な形で教えると、非常に経済的に授業ができる。多くの時間を節約できる。それだけでなく、授業を破壊するものを省くことになる。つまり、ピタゴラスの定理を把握するために、子どもを抽象的な思考に導かずに、具体的な思考に導くのである。単純なものから複雑なものに進むのである。

　悟性的理解・知的理解に基づく本来の判断力は、民衆学校

の終わりの段階に発展するものだ。だから、判断＝理解におもむく12歳のときに、まだ何らかの本能を必要としながらも、すでに判断力に覆い隠されているものを、この判断＝理解に合流させる。心魂の本能の名残りを、私たちは判断力によって克服しなくてはならない。この時期、人間には利子・収益・割引などに対する本能がある、ということを考慮しなくてはならない。それらが本能に訴えかける。しかし、それを判断力が圧倒しなくてはならない。だから、商品の流通と財産との関係、つまり割合の計算、利子の計算、割引の計算などをこの時期に学ばねばならない。　　　　　　　　【全集294巻】

1〜8学年

　特に大事なのは、半年間ただ足し算のみをするなど、退屈な続け方をしないことだ。計算の4則をつぎつぎに行ない、4つすべてを練習するのである。最初は、40ぐらいまでの数にする。一般のカリキュラムとは違って、4則すべてを同時に教えるのだ。加減乗除をほぼ同時に身につけるという方法が、非常に無駄のないことが分かるだろう。

　1学年で100までの数を扱うという規定があるので、それに準じればよい。簡単な数なら、1学年でどこまでの数を扱うかは、本来あまり問題ではない。主要事は、算数においては「足し算は合計（和）から、引き算は残り（差）から、掛け算は積から、割り算は商から展開する」ということである。通常のやり方と逆にするのだ。「5は3たす2である」と示したあとで、「2たす3は5である」と示すのである。「5は3たす2である」けれども、「5は4たす1でもある」という表象を、子どものなかに呼び出すのだ。合計を分割したあとで、第2のものとして足し算を行なうのである。引き算は、「被

減数から何を取り去らねばならないか」と問いかけたあとで行なう。

　さきに述べたように、1学年では簡単な数にする。100までの数にするか、105までか95までかは、根本的に枝葉末節のことだ。歯の生え変わりが完了すると、すぐに九九を始める。原則的なことを説明したあと、できるだけ早く、九九と足し算を覚えさせる。簡単な掛け算を原則的に説明したあと、覚えさせるのである。子どもに掛け算の概念を教えたら、すぐに九九を暗記させる。

　2学年では、もっと大きい数で計算する。簡単な計算を、暗算でやってみる。豆など、事物に結び付けながら、無名数を把握させる。名数での計算も無視しない。

　3学年では、もっと複雑な数を扱い、2学年で習った4則を、実生活の事物に用いる。

　4学年では、低学年で習ったことを続ける。そして分数・小数へと移行しなくてはならない。書き方の授業のために低学年でまず線描を教えたことによって、6学年までに幾何学図形、円・三角形等を線描から取り出せる。書き方の授業のために行なった線描から、図形線描を目指して、しだいに複雑な図形を発展させていく。4学年の線描と絵画の授業で、線描において、円とは何か、楕円とは何か等を教える。線描から、これらを教えるのである。これをさらに続けて、粘土を用いて立体形態に導く。彫塑用粘土がなかったら、道の泥を使ってでも、形態を観照・感受する。そして、三角形とは何か、四角形とは何か、円とは何か等を、幾何学的に説明する。つまり、線描から形態の空間的把握へと進むのである。そして、子どもが線描から学んだものを、6学年で、幾何学的概念によって把握する。

5学年で、分数・小数を継続する。整数・分数・小数を自由に計算できる能力を発展させる。

6学年で、利息計算、割引計算、簡単な手形計算に進み、代数計算の基礎を作る。

7学年では、累乗と平方根の求め方を教える。正数と負数の計算も行なう。そして何よりも、実生活との関連において、方程式を教えようと試みる。

方程式を8学年で継続する。そして、図形の面積計算、軌跡も取り上げる。【全集295巻】

9～12学年

9学年では、たとえば根を求めるとき、数を具体的なものから離して、いわば抽象化して計算する。そうすると、数の構造に深く導かれる。ついで、実践的な計算が必要である。たとえば次のような実際的な容積計算を子どもが行なう。「シリンダーのような円錐形の缶に、ある量の水が入っている。底の直径が半分だと、水の量はいくらになるか」。ついで近似値の計算を付け加える。水準器の使い方から出発して、なにか実際的なもの、たとえば薬局の秤を使ってみる。さらに、為替手形の計算を行なう。それから、幾何学だ。体積の計算が先でなくてはならない。

9学年で円周率の概念を教える。円周率を小数の位まで知ることができる。さらに、平面三角法の基礎を知ることが大事だ。それをまず課題とする。つぎに、投影・点・直線から出発して、平面を描く。三角形を描いていると思うのではなく、平面そのものを描こうとする。

10学年で平面と、2つの平面の交差について学ばねばならない。数学では、対数の概念を教えねばならない。また、サ

イン、コサイン、タンジェントという基礎概念を学ぶ必要がある。

11学年では、三角法と解析幾何学を可能なかぎり進める。

意志的なものは、すべて地球領域で3次元的に作用する。感情的なものは、すべて3次元的ではなく、2次元的に作用する。心魂のなかで意志から感情に移行するときは、第3次元を任意の平面に投影するのではなく、前後の方向に投影する必要がある。思考は1次元に、個我は0次元にいたる。

11学年で、ラザール・カルノー［カルノー・サイクルを考案したサディ・カルノーの父］が見出した、カルノーの定理の理解と応用までいたる。

11学年では、断面や影を作図し、ディオファントス方程式（不定方程式）、球の断面にいたるまでの解析幾何学に取り組む。11学年の三角法では、関数を内的に捉える。サイン、コサインの内に比の原則があるわけだ。もちろん、そこでは幾何学から出発しなければならない。

12学年で、球面三角法、立体解析幾何学の基礎を、できるかぎり明瞭に教えることが大事である。ついで、生徒は複雑な家の形態と家の内部を遠近法で示せるようになるべきだ。代数学では、微分・積分の初歩だけを行なう。球面三角法を、年齢に合った方法で、天文学と測地学に適用する。立体解析幾何学は、形態を方程式で表現できることを明らかにするために行なうべきだ。なによりも方程式を明確に理解する。特に大事なのは、「空間に曲線を描く。あるいは、空間に物体を描く。そして、形態から方程式を認識し、方程式の感覚を育てる」ということだ。

微分・積分の計算を幾何学に結び付けて行なうのは、一般的な数学の教養にとって有益ではない。微分・積分の計算を

商に結び付けるのである。微分の計算から出発して、商を把握する。そして、被除数と除数を小さくしていくことをとおして、純粋に数から微分商を導き出す。微分商を純粋に数・計算で把握し、そこから幾何学へと移っていく。幾何学は数を図解したものである。計算が幾何学を確定するということではなく、幾何学は計算を図解したものであるということから出発する。たとえば、正数と負数をそれ自体として考察しない。5ひく1、5ひく2、5ひく3、5ひく4、5ひく5、そして「5ひく6」は1つ欠けているものがあるので、マイナス1である。負数は存在する数量ではなく、被減数が欠けているのである。こうして、単に幾何学を学ぶときよりも、ずっと現実的な能力を伸ばすことができる。

算数・数学

球面三角法まで来たら、すぐに計算に取りかからずに、球面の概念を説明する。平面を描く代わりに、球を描かねばならない。球面三角形、球面上の三角形の概念を把握させる。角の合計は180度より大きくなる。この三角法において、計算は球面を解釈するものである。球面を、球の中心から考察するのではなく、平面の湾曲から考察する。球上の球面三角形は楕円体上ではどう見えるか。回転放物面上では、どう見えるか。中心から出発せず、平面の湾曲から出発する。自分自身が平面のなかにいる、と考えなくてはならない。「平面上の三角形から去ると、私は何を体験するか。楕円体上の球面三角形を出ると、私は何を体験するか」と表象しなくてはならない。通常のピタゴラスの定理は球面三角形においては、どうなるか。

順列・組み合わせはすでに行なった。時間があれば、確率計算、たとえば人間の推定寿命を算出してみる。

最も現実的なのはカバリエ投影法である。あらゆる物をカ

バリエ図で描いてみる。建築物もカバリエ図にする。12学年の作図では、たとえば円錐の断面をフリーハンドでスケッチさせたい。本来の正確な線描は、コンパスと定規で行なえる。

【全集 300 巻】

図形・空間感覚

　芸術的なものが作用する必要がある。子どもが円・四角形・三角形を描けることで、教師は満足してはならない。子どもたちは円・四角形・三角形を感じることを学ばねばならない。子どもたちは、曲線を感じながら、円を描かねばならない。3つの角を感じながら、三角形を描かねばならない。最初の角を描くときに、「3つの角ができる」と感じなくてはならない。四角形を描くときも、角になるのを感じていなくてはならない。線を描く最初から、感情が浸透していなくてはならない。ヴァルドルフ学校の子どもたちは、曲線・直線・水平・鉛直を単に眺めるのではなく、それらを腕と手で内的に追う。これは、書き方の授業の基礎としても行なわれるべきである。ヴァルドルフ学校の子どもは、最初に鉛直と曲線を体験することなしに、「P」という文字の書き方を学びはしない。子どもは鉛直と曲線について、外的・抽象的に観照するのではない。感情に沿って観照し、感情に沿って体験する。

　一体から分割へと移行する衝動が、いつも心魂のなかに存在する。このことをほとんど考慮しないので、人間の心魂の示す自由を、人はほとんど把握しない。人間の心魂の活動がもっぱら総合的であったなら、人間はほとんど自由について語れなかっただろう。総合しかできず、種の概念、属の概念しか形成できないようなかたちで外界と関係し、生命もできるかぎり概念に沿って分類しようと努めるのが人間の主な活

動だったら、人間は自由について語れなかっただろう。私たちの振る舞いは通常、外的な自然によって規定されている。しかし、私たちの行動はすべて、心魂の分析的な活動に基づいている。分析的な活動によって、私たちは純粋な表象のいとなみを自由に発展できるようになる。

　幾何学に親しんだ人は、幾何学は静止したものから生命的なものになるべきだ、と感じることができる。「三角形の内角の和は180度」と言うとき、私たちは非常に一般的なことを述べている。これは、どんな三角形についても言えることだ。しかし私たちは、どのような三角形も表象できるだろうか。今日の教養人は、動きのある三角形の概念を子どもにもたらそうと努めているわけではない。しかし、死んだ概念ではなく、動きのある三角形の概念を子どもに教えるのはよいことだろう。

　個別の三角形を描かせるよりも、「ここに線が1本ある」と言う。そうして、180度の角を3つの部分に分ける。いくとおりにも、この角を3つの部分に分けることができる。3つに分けるたびに、三角形が出来上がる。平行線に斜線を引くと、同じ角度が現われる。それを子どもに示す。左右2本の斜線を動かすことによって、さまざまな三角形ができる。動きのある無数の三角形を表象できる。この無数の三角形が、内角の和が180度という特性を持っている。それらの三角形は、180度という角度を分割することによって発生するからだ。子どもに三角形の表象を呼び出すのは、よいことである。この三角形は内的に動きがあるからだ。こうすると、静止した三角形ではなく、動きのある三角形を表象することになる。鋭角三角形でもありうるし、鈍角三角形でもありうるし、直角三角形でもありえる。静止した三角形ではなく、動きのあ

る三角形を表象するからだ。

　このように、内的に動きのある概念から出発して三角形を作っていくと、「三角形とは何か」がいかに明瞭になるか、考えてみてほしい。このような考え方を基にして、私たちは子どものなかに、しかるべき空間感受、具体的で本物の空間感受を形成することができるだろう。

　このようにして、平面図形において動きという概念を用いたら、子どもの精神全体が動きを得て、「ある物体が別の物体の前へと進む。あるいは、後ろに退く」という遠近法の要素へと容易に移行できる。前へと追い抜いていく、後ろへと退くという移行が、適切な空間感受を呼び起こす最初の要素でありえる。空間中で諸存在の関係を判断しようとするときも、存在の内面に入っていくことが必要だ。子どもが人形を動かしたり、人々が前に後ろに通り過ぎるのを子どもに観察させることによって、空間感覚を発達させることができる。動きのある遊びをとおして、子どものなかで空間感覚がいきいきと発達する。このような方法で観察されたものが、観察者の確信になっていくことが、特別に重要である。

　さまざまに湾曲した平面に、身体の影を投げかけ、その影のできかたを理解させるのは、空間感覚の発達にとって大きな意味がある。「なぜ球が、ある状況下では楕円形の影を作り出すのかを子どもが把握できたら、空間における平面の発生を体験することによって、子どもの感受能力・表象能力の内的な動き全体に大きな作用が及ぶ」と、言うことができる。このようなことを、子どもは9歳から理解できる。だから、学校で空間感覚を発達させるのは必要なことだ、と見なすべきである。

　子どもの線画を見てみよう。7歳・8歳までの子ども、9

歳までの子どもは、正しい空間感覚をまだ持っていない。のちになって、しだいに他の力が子どものなかに入ってくると、子どもは空間感覚を持つにいたる。7歳まで子どもには、のちに表象になるものが働きかける。性的に成熟するまでの子どもには意志が働きかける。ついで意志はせきとめられ、男性の声変わりにおいて、意志がいかに身体のなかに現われ出るかが示される。意志は空間感覚を発達させるのに適している。いま述べた動きのある遊びをとおして、空間感覚が発展する。影が発生する経過を知り、動きをとおして発生するものを把握することによって、意志が発達する。そうすると、悟性をとおしてよりも、ずっとよく事物の理解に到達できる。

【全集301巻】

ピタゴラスの定理とカルノーの定理

14歳・15歳以後は、以前にイメージで教えたものとの関連を探し出すために、あらゆる機会をつかまなくてはならない。

たとえば数学において、ラザール・カルノーの見出した定理を認識しようと努力する。カルノーの定理とピタゴラスの定理のあいだにある関係を明らかにする機会を逃さないようにすると、大いに役立つ。子どもとともに細部に目を向けると、カルノーの定理はピタゴラスの定理が変容したものだ、と判断できるようになる。以前に習った見解を振り返ってみるのだ。

数学においても宗教の授業においても、あらゆる学科において、かつて習ったことを顧慮する。以前にイメージの形で習ったことが、いつも今の学習の助けになるにちがいない。前に遡ることによって、判断が刺激される。　【全集302 a 巻】

1 という数

　就学年齢に達すると、子どもには計算に適した資質が現われる。計算に関しても、子どもの身体の内的な欲求に応じることが大事だ。

　子どもは計算において、リズム・拍子を欲し、ハーモニーを感受的に把握しようとする。子どもに足し算を教えるのは、子どもの要求に応じていない。もちろん、子どもは数え方を学ばねばならない。しかし、最初に足し算をやると、子どもの身体の内的な力に結び付かない。文明の進化の経過のなかで、私たちは数を総合的に扱うようになってきた。私たちはある〈一体〉、第2の〈一体〉、第3の〈一体〉を数え、足していくように努める。こうして、子どもが内的に理解しないものを、私たちは子どもにもたらしている。

　子どもは、このような数え方で学んでいくのではない。足し算は、一体から発する。しかし、2は、1を外的に繰り返したものではない。2は1のなかに存在している。1を分けると、2になる。2は1のなかに存在している。1を分割すると、3になる。3は1のなかにあるのだ。2というのは、1から出ることではない。2にいたるのは、内的・有機的な経過である。2は1のなかに存在している。3も、そうである。1がすべてを含んでいる。足し算は、1を有機的に組み立てるものなのだ。

　教師が子どもの成長過程に精通することのほうが、出来上がったカリキュラムを手にすることよりもずっと重要である。そうして教師は、人生各期にふさわしいものをもたらす。教師は芸術および芸術的な処置によって、9歳・10歳まで記述の仕方を教える。この創造・造形に、子ども自身が関与する。12歳ごろになると、人物・事件に説明を加えることができる。

原因と結果を考慮できる。知力・理解力を存分に用いることができる。そのように子どもが成長するのは、11歳と12歳のあいだである。

さて、この時期全体に展開するものがある。さまざまな領域における数学的要素だ。もちろん、子どもの年齢に合わせて行なう。数学――計算と幾何学――を子どもに教えるのは、特別に難しいものだ。9歳以前に簡単な形で、それから、だんだんと込み入った数学的内容を、学童期のあいだ教える。順調に進めば、子どもは非常に多くを理解できる。最初は、完全に芸術的に授業しなくてはならない。あらゆる方法で、計算・幾何学を、まず芸術的に子どもに教える。9歳と10歳のあいだに、いろいろな形を記述する。子どもは角・三角形・四角形などの説明を学ぶべきである。12歳ごろ、証明に進むことができる。

【全集303巻】

算数と道徳

早くから、子どもには初歩的な算数の素質がある。しかし算数において、主知主義的な要素があまりに早く子どものなかに入り込みやすい。計算そのものは、どの年齢においても疎遠なものではない。計算は人間の本性から発展する。

算数の授業を正しい方法で行なうことが非常に重要である。これは根本的に、精神的な基盤から人間生活全体を観察できる者のみが判断できる。算数の授業と道徳原則は、大変離れているように見える。通常は、算数の授業を道徳原則に結び付けない。この2つのあいだに論理的関係が見出せないからである。

しかし、単に論理的ではなく、いきいきと考察する者には、「正しい方法で算数を学んだ子どもは後年になって、正しい

方法で算数を学ばなかった子どもとは、まったく異なった道徳的責任感を有する」ということが明らかになる。これは多分、非常に逆説的に思われるだろう。しかし、私は現実について語っているのであり、空想を語っているのではない。過去数十年間、私たちが子どもの心魂を正しい方法で算数の授業に浸していたら、今日、東欧にボルシェヴィズムは存在しなかったことだろう。

　子どもに全体を把握させて、常に少数から多数へと進んでいかなくてもよくさせる。そうすると、子どもを生活に近づけることができる。これは、子どもの心魂のいとなみに非常に強い影響を与える。数を足していくことに子どもが慣れると、特に貪欲に向かう傾向が発生する。全体から部分へと移行し、適切に掛け算も行なうと、子どもはあまり欲望を発展させず、プラトンが言う「慎み深さ」を発展させる傾向を得る。計算をどのような方法で学んだかに、道徳において何を好み、何を嫌うかが内密に関連しているのである。

【全集305巻】

3次元

　現在の抽象的・主知主義的な時代には、人々は空気中を漂う3次元という表象を持つ。たがいに直角に交わる3本の線である。3本の線がそれぞれ無限に伸びていると考えよう。そのように抽象的には考えることはできるが、実際に体験することはできない。

　しかし、3次元は体験されるものである。子どもがバランスを失いつつ危なっかしく這っている状態から立ち上がり、世界と均衡を取れるようになるとき、3次元は無意識のうちに体験されている。そこには、具体的に3次元が存在してい

る。私たちは3本の線を空間のなかに描くことはできないが、直立した身体軸に合致する線があるのだ。私たちが横になったり、眠ったりしているときは、その線は身体内にない。動物の背骨は地表と平行になっているのに対し、私たちの背骨は直立している。これが、人間と動物の最も重要な違いである。私たちが左右に腕を伸ばすときに無意識に把握されるのが、第2の次元である。第3の次元は、前から後ろに向かうものだ。事実、3次元は具体的に体験されているのである。上下・左右・前後である。

　人間は、幾何学図形のなかに示されるものを体験する。しかし、その体験は、人間がまだ無意識で、半分夢想的なものを有している年齢においてなされる。大きくなると、そのようなありかたがなくなり、幾何学図形は抽象的なものとして示される。乳歯が永久歯に生え変わるとともに、内面が確立する。立つことができるようになってから、乳歯が永久歯に生え変わって内面が確立されるまで、子どもは無意識のうちに自分の身体を幾何学的に体験しているのである。そして、子どもは心魂的存在になる。乳歯が永久歯に生え変わるとともに、子どもは心魂的存在になる。

　一方には生理学的な経過があり、溶液を冷すと下に沈澱物が溜まって上が澄むように、私たちのなかに固い骨組みが沈澱物のごとくに形成される。もう一方では心魂的なものが、幾何学・図画になる。私たちは、人間から心魂的特性が流れ出るのを見る。

【全集306巻】

算数・数学の特徴

　計算・算数・幾何学、つまり数学は授業・教育のなかで例外的な位置を占めている。植物学や読み書きへの指導は、す

べて物質的身体とエーテル体に作用する。動物学・人間学の授業は、睡眠中に物質的身体とエーテル体から出て行くものに作用する。計算・幾何学は双方に作用する。これは注目すべきことである。計算と幾何学は、それ自体の本質をとおして人間全体に適合するのである。

　植物学・動物学は一定の年齢に行なうということを考慮しなくてはならない。計算と幾何学は子ども時代全体をとおして学習していく必要がある。しかし、年齢によって特性が変化するのに従って、適切に変化させていく。

　私たちは睡眠中、物質的身体とエーテル体のなかにはいない。しかし、物質的身体とエーテル体は超感覚的に計算しつづけ、幾何学図形を描きつづけて完璧にする。このことを知り、授業全体がこれを目指したら、非常な生気を人間の活動と存在全体のなかに生み出すだろう。

　たとえば通常、幾何学は抽象的なもの、主知主義的な形態から始めなくてはならないと考えられているが、そのような形態から始めないことが必要である。外的な観照ではなく、内的な観照から始めることが必要である。子どものなかに、対象についての感覚をしっかりと目覚めさせることが必要である。幾何学を、主知主義的なものが関与する三角形などから始めずに、目に見える空間表象から始めると、エーテル体＝形成力体が無意識に振動する。　　　　　【全集307巻】

ピタゴラスの定理（2）

　ピタゴラスの定理は、幾何学の目的として教えることができるものだ。幾何学はピタゴラスの定理、つまり「直角三角形の斜辺の2乗は、直角をはさむ2辺の2乗の和に等しい」という定理において頂点に達する。このことに注目すれば、

ピタゴラスの定理を教えるのは大きな意味のあることだ。

　11歳・12歳の子どもに、このようにピタゴラスの定理を説明するところまで、幾何学を教えることができる。理解できると、子どもたちは大きな喜びを感じ、熱心になるだろう。子どもは幾何学を喜ぶものである。面を切り取って並べかえてみると、子どもたちは何度もやってみたくなる。それがいつも繰り返されているのに気づく無用な主知主義的傾向の生徒は2～3人で、たいていの理性的な子どもたちは何度も間違い、解答を見出すまでに、もたつくだろう。

　これが、ピタゴラスの定理の不思議さである。この不思議さから抜け出すのではなく、この不思議さのなかにとどまるべきだ。

【全集311巻】

Worte Rudolf Steiners zum Lehrplan

理科

動物・植物・鉱物

　生徒とともに山や野原に行くとき、私たちは子どもを自然のなかに連れ出す。それに対して、博物学の授業は教室のなかで行なわれる、ということに気をつけるべきである。死んだ自然を教室で分析するのと、外で自然の美しさを考察するのは別のことだ。それを際立たせるべきである。

　9歳が近づいたら、博物学を授業に取り入れる必要があるだろう。それ以前は、博物学は物語の形で子どもにもたらされる。9歳以前は物語、記述的な形で博物学を子どもにもたらす。本来の博物学の授業は、9歳以前には始めない。人間についての説明から始めないと、博物学の授業において育成されるべきものが根本的に駄目になる。「9歳の子どもには、人間についてわずかしか語れない」と言うのは正しい。しかし、わずかではあっても、人間について子どもに教えることのできるものを、その他の博物学の授業の準備として教えるのである。

　9歳から12歳ごろ、自己意識が形成されはじめる。そこで私たちは、動物界の博物誌を始める。そのあとで、植物界に取り組む。12歳で幾何学図形を利用して、鉱物界に移行できる。鉱物界は、絶えず物理と関連させて扱う。物理を光の屈折、目の水晶体の話など、人間に応用する。

　鉱物学は民衆学校期の第3段階、12歳ごろに学びはじめるが、記述的・観照的に、それ以前の段階で地理のなかで鉱物を扱うこともできる。子どもにユラ（ジュラ）山脈の石灰岩を示して、「このあたりの山地は、このような石灰岩でできている」と言う。また、子どもに花崗岩・片麻岩を示して、「このあたりの山は、このような花崗岩・片麻岩でできている」と言う。子どもはアルプスの山塊に大きな興味を持つだろう。

たとえば地理で、石灰岩の山がいかに原生岩層と違うかを子どもに示す。原生岩層の成分、花崗岩・片麻岩を子どもに示す。さまざまな鉱物が中に含まれていることに、子どもの注意を向ける。

　子どもに、まず石英・雲母・長石などを示して、それらが花崗岩・片麻岩のなかで結合していると教えるよりも、まず花崗岩・片麻岩を示してから、花崗岩・片麻岩の成分となっている鉱物を教えるほうが、ずっと有益である。鉱物学の授業では、全体から個々のものへと進める。山の形成から鉱物学へと進むのである。それが子どもにとって有益である。

　この時期には、動物・植物と自分との類縁性を感じる本能がまだ存在している。この時期に、感情に沿った表象で、イカ・ネズミ・人間について考察すべきである。通常の判断のように明瞭な意識ではないとしても、自分をあるときは猫、あるときは狼、あるときはライオン、あるときは鷲と感じる。このように自分を何かだと感じるのは、9歳直後だけである。それ以前は、もっと強くそう感じるのだが、それを把握する力が存在しない。

　その後、この本能は成熟して、植物界との類縁性を感じるようになる。だから、最初に動物界の博物誌、ついで植物界の博物誌だ。鉱物は最後に取っておく。鉱物の学習には、ほとんど判断力しか必要でないからである。判断力は、人間が外界で類縁であるものに対しては用いられない。人間は鉱物とは類縁でないのだ。

　9歳から11歳の時期には、本能と判断力のあいだに美しい均衡がある。特に博物誌と植物学において、あまりにも観照的にならず、本能的な理解を計算に入れる。そうすると、子どもは理解できるはずだ。植物界に関して、外的な類推は避

理科

けなくてはならない。それは自然な感情に逆らうからだ。自然な感情は、植物のなかに心魂的な特性を探すという天分を有している。　　　　　　　　　　　　　　　　**【全集 294 巻】**

3〜8学年

　動物界は人間の身体と比較しなければならない。植物界は人間の心魂と比較しなくてはならない。人間が朝めざめるときに身体に入ってくる心魂と比較しなければならない。

　9歳ごろ、つまり3学年で、適切に動物を選んで勉強しはじめる。常に、人間に関係づけて扱う。これを4学年において続ける。3学年と4学年で、動物界を人間に関係させて、自然科学的に考察するのである。5学年において、未知の動物を付け加える。5学年で、植物学を始める。6学年で植物学を続け、鉱物を扱う。鉱物は地理との関連において扱う。

　7学年でふたたび人間に戻り、栄養と健康について教える。物理学・化学の学習によって得た概念で、産業の状態、交通の状態について包括的に見通すことを試みる。このすべてを、物理学・化学・地理と関連させる。8学年では、人体を構築するものを示す。骨・筋肉のメカニズム、目の内部構造などである。ついで再び、物理学・化学・地理との関連で産業の状態を総括的に示す。博物学の授業は、このように組み立てれば、非常にいきいきしたものにできるだろう。そして博物学をとおして、世界と人間すべてへの関心を子どもに目覚めさせることができるだろう。　　　　　　　　**【全集 295 巻】**

3〜12学年

　9学年では人間学を続け、正しい人類学を子どもに教える。あたかも同心円のような形で学年から学年へと上昇し、他の

自然科学の分野を学んでいく。

　3学年・4学年において、動物界を自然科学的に、人間との関連において考察する。10学年では、なによりも鉱物を考察する必要がある。人間を個的な存在として理解できるようにしなければならない。そうすることによって、のちに民族学に移行できる。物質的な人間の器官の機能が心魂的・精神的なものと関連しているのは客観的な事実である。

　博物学において、11学年で細胞を扱うことが大切だ。それほど詳細に行なう必要はないが、特徴的な植物を低級なものから単子葉植物まで取り上げる。双子葉植物を取り上げ、花と菌類を対比する。常に菌糸、胞子形成を考慮する。いろいろな植物の株の形成を叙述するとき、菌糸も考慮しなければならない。

　4学年・5学年で動物学を学び、7学年で人間を扱った。つぎに、ふたたび動物学である。12学年で3週間、生徒に動物学を教えることが可能だと思う。18回、午前中の授業で、12種の動物について学ぶ。大事なのは、動物の分類について概観することである。細菌から始めて、線形動物へと進んでいく。脊椎動物［哺乳類？］を1つの綱と考察すれば、12になる。

　動物全体を3つのグループに分け、それぞれを4つに細分して12に区分し、動物の種・綱とする。Aグループ——1、原生生物（まったく未分化の滴虫類・原生動物）。2、海綿・珊瑚・イソギンチャク（腔腸動物）。3、棘皮動物（ウミユリからウニまで）。4、被嚢類（正規に外的な殻が形成されていないもの）。Bグループ——5、軟体動物。6、ミミズ（環形動物）。7、節足動物。8、魚類。Cグループ——9、両棲類。10、爬虫類。11、鳥類。12、哺乳類。　　　　【全集300巻】

博物学について

　私は早期の博物学的な考察が子どもに及ぼす作用について、本当に熱心に研究した。早期の博物学的な考察は実際、のちに子どもを無味乾燥にする。早期に博物学的な概念を子どもに教えると、無味乾燥になり、人の皮膚の黄ばみに気づくような観察者になってしまう。

　子どもが9歳のとき、私たちは博物学的な概念を教えはじめることができる。生命的な概念でなくてはならない。この年齢で子どもに鉱物・無機物のことを教えるのは、できるかぎり避ける。人間以外に生命あるものは2つの領域、すなわち動物界と植物界のなかに存在する。しかし、動物の特徴の科学的叙述、植物の特性の科学的叙述を、子ども向けの簡単な本によって、外的に子ども受けするように話そうと試みると、私たちは子どもに向き合えない。博物学の本は、ほとんど全部、博物学的な学識を濾過したものにほかならない。それはひどいものだ。

　他方では、人々は自然科学的な実物教育に基づこうと試みる。しかし、そうすると反対の誤りを犯す。陳腐なもので一杯になるのだ。子ども自身がすでに知っているもの以外は、なるべく子どもに語らないようにして、一目瞭然のものを子どもの本性から汲み出そうと試みられている。そうすると、陳腐になる。方法論の入門書、方法論の指導書は恐ろしく陳腐なので、絶望的だ。

　「このようなものを学校で用いると、有害な陳腐さが子どものなかに植え付けられる」と、感じられる。子どものころに経験した陳腐さは、のちになって、生命の荒廃として現われる。すくなくとも、喜びに満ちて子ども時代を振り返ることが不可能な人生を形作っていく。しかし、喜びに満ちて子

ども時代を振り返るのは、人間にとって必要なことだ。全生涯を貫いて、私たちが学童期を楽園のように振り返ることが必要である。楽しいことだけを体験したからではない。楽しいことだけを体験したかどうかは、そんなに問題ではない。

大地・植物・動物・人間の特質を、いきいきと述べることができる。そうすると、普通は無機的なものと思われているものが、子どものなかで活性化される。特に、子どもが次第に自分を世界から区別する9歳から12歳ごろ、活性化される。

しかし、このころ子どもは、一方では人間と動物界の関連、他方では人間から分離した大地のいとなみを、無意識のなかに受け取ることを熱望する。そして、地上における人類の歴史のいとなみとの正しい関係が、子どもが成長するにつれて確立していく。ここで初めて、歴史を正しく受け取る感受性が発達する。

10歳・11歳以前の子どもには、歴史を物語・伝記の形で語る。10歳・11歳で、歴史が博物学の授業に付け加えられる。歴史の授業の概念・理念・感受を活性化するものが、博物学の授業から現れる感受に、いたるところで強く結び付く。12歳で初めて、本来の判断に移行できる。　　　【全集301巻】

理科

授業と学者

民衆学校の授業で、たとえば植物と動物に関して、子どもがのちに植物学者や動物学者になれるようなかたちで対象を取り扱うのは、最大の誤りである。動物や植物について、子どもが植物学者や動物学者になるのを防ぐように授業するのが、正しいことだ。皆が皆、民衆学校で学んだことによって、植物学者や動物学者になるべきなのではないからである。正しい教育技芸の結果、人生のなかで行なわれる選択において

示される特別の素質をとおして、人間は植物学者や動物学者になるのである。
【全集302 a巻】

細胞学と天文学

生半可な知識の俗物教授にとって、顕微鏡を使って細胞学を教えるのは当然のことだ。大学でそのように行なわれており、それを学校で真似ている。しかし、そのようにするのは恐ろしく不正なことである。14歳・15歳から21歳までの年齢の子どもたちに、天文学と平行させずに、細胞学を教えてはならない。細胞のなかで経過するものを、小さな宇宙として考察するべきだ。細胞核について、細胞のなかにあるさまざまな物体について、自分が確信していないことを教えてはならない。
【全集303巻】

人間と動物界

9歳以前に人間を記述すると、その「恐怖」が12歳ごろまで残ることになる。植物界については、大地に生えた髪として子どもに教えることができる。しかし、私たちはイメージ的な性格描写にとどまらねばならない。動物界に関しても、どの動物の姿も人間の一部分が一面的に形成されたものと把握して、子どもに教えることができる。しかし、この時期には、人間自身の叙述に移行してはならない。私たちは人間の手足について語り、それらの部分がさまざまな動物に一面的に形成されているということを、子どもに教えることができる。しかし、さまざまな動物を人間へと総括することは、子どもにはまだ理解できない。

12歳ごろ、動物界全体が人間へと総括されることを、子どもは望む。だから、この内容を11歳から12歳のあいだの子

どものクラスに導入できる。そこには矛盾があるように思えるが、人生というのは矛盾に満ちたものだ。動物界全体を、人間が扇のように繰り広げられたものであるかのように叙述することが、矛盾のように思える。

理科

しかし、人間を１個の空間形態として記述するまえに、そのようにするのはよいことなのである。人間のすべての部分が一面的にされて地上全体に棲みついたものが動物界であり、動物は人類全体を個々の型に一面化していることを、子どもは感じ取るにちがいない。動物界に広がっているものすべてが、いかに人間のなかに集中しているかを理解する瞬間を、子どもは体験するにちがいない。

授業において、決定的な人生の瞬間を子どもに体験させることが大切だ。「動物界全体のエキス、その高次の段階における総合が、物質的な人間なのだ」ということを、子どもの心魂に浸透させるのである。　　　　　　　　　【全集306巻】

鉱物・植物・動物・人間

植物があたかも話をするように、子どもに物語る。そのような形で植物界を見ることによって、子どもはイメージのなかに生きる。そのあと、植物界について最も大事なことを教える。そのように９歳・10歳で始め、しだいに10歳・11歳で植物の学習に導いていく。

このとき子どもは、植物界に内的・理念的に取り組む準備ができている。大地に広がる植物が地球有機体に属することを、子どもは理解する。

他方、地上に広がる動物たちが、ある意味で人間への発展の途上にあることも、子どもは理解する。植物を地球に結び付け、動物を人間に結び付けることが、授業の原則でなくて

はならない。本当に芸術的な感覚をもって、10歳・11歳・12歳の子どもに、動物界について詳細に教えることが大事だ。

単純・素朴な方法で、人間の本質に子どもの目を向けさせる。まず、人間を3つの部分（頭部・律動系・新陳代謝系）に分ける。教師が芸術的な感覚を持ち、イメージ的に語るなら、3つの部分からなる人間の姿について子どもに教えることができる。動物界を、扇状に大地に広がった人間として語る。

子どもが12歳に近づくと、人間について述べることができる。このとき子どもは、「人間は内に精神を担っている。人間は世界に広がっている動物たちを示す個々の断片を総合的に統一したもの、芸術的に総括したものである」と把握するだろう。

外界で人間の関与なしに生じるものを子どもが考察してよい年齢がやってくる。11歳から12歳のあいだに、授業で鉱物・岩石について教えることが可能になる。それ以前に、大地・岩石から生長する植物を無視して、岩石・鉱物を教える者は、子どもの心魂のいとなみの内的な柔軟性をすっかり損なう。人間と関係しないものが鉱物である。子どもは自分に親密な植物と動物を表象のなか、特に感情のなかに受け取る。そして動物学をとおして意志のなかに受け取る。そのようにして、子どもは正しく世界に精通する。そのあとで、鉱物を教えはじめるべきだ。

人間は鉱物を、原因と結果に従って把握できる。物質はそのように把握される。植物にいたると、すべてを論理・悟性・知性で把握するのは不可能である。そこでは、人間のなかの彫塑的な感情が刺激されねばならない。彫塑的原則が人間のなかで刺激されねばならない。概念・理念は形象的形態のな

かに進む。私たちが子どもに教える彫塑的な器用さはすべて、植物の形態を把握する能力を子どもに与える。

私たちは道徳教育をとおして得た理解・概念をもって、動物界を把握しようと思う。そうして初めて、構築するものを見通すことのできる力が、私たちのなかで溌剌とする。不可視のものから動物が構築されているのを見通すことができるようになる。わずかの人、わずかの生理学者しか、動物の形態がどこから来るか知っていない。

動物の形態は、人間においてはのちに言語・歌唱の器官になるものに由来する。それが動物の形態形成の中心だ。のちに人間において音楽的器官へと変容する部分から、動物形態が「音楽的に」形成されるということを知っている者が、本当に動物の形態を認識する。

そして、人間にいたろうとするなら、包括的な芸術理解が必要である。人間において悟性によって把握できるのは、無機的な成分のみだからだ。正しい時期に、芸術的な把握へと移行できると、人間を理解できる可能性がある。【全集307巻】

理科

植物と大地・動物と人間

私たちが子どもに、植物と大地の結び付きを感じさせると、子どもは本当に賢くなる。子どもは自然に即して考えるようになる。すべてが感情に即して、芸術的に教えられなくてはならない。

人間が動物とどのような関係にあるかを教えると、すべての動物の意志が適切に分化・個別化されて、人間のなかによみがえる。動物に刻印されたあらゆる特徴、あらゆる形態感情が人間のなかに生きている。そのことをとおして人間の意志は強められ、人間は自らの本質に自然な仕方で世界のなか

に位置するのである。　　　　　　　　　　　　　　【全集311巻】

Worte Rudolf Steiners zum Lehrplan

物理

物理的経過

　目の構造をどんなに分かりやすく語っても、12 歳以前の子どもはよく理解できないだろう。目の構造を子どもに教えるとは、どういうことか。どのように光線が目に到来して目のなかに射すか、どのように光線が水晶体に受け取られ、水晶体のなかで屈折して、硝子体を通っていくか、どのように光線が像として網膜に作用するかに、子どもの注意を向けることだ。

　これらはすべて、物理的経過のように叙述しなくてはならない。人間の感覚器官のなかで生起する物理的経過を叙述するのである。そのためには、前もって、このような目の叙述を受け入れることを可能にする概念を子どものなかで発展させねばならない。つまり、光線の屈折とは何かを、前もって教えねばならない。

　子どもにレンズを示して、焦点とは何かを語り、どのように光線が屈折するかを示すと、簡単に説明できる。これは、人間の外で起こる物理的事実である。これを、9 歳から 12 歳までの時点で教えることができる。

　この物理的な叙述を人間の器官に応用するのは、12 歳が終わってからにするべきだ。子どもはそのころに、外界がどのように人間のなかに作用し、外界の活動が人間のなかにどのように継続するかを、理解しはじめるからである。12 歳以前には、物理的経過は理解できるが、物理的経過が人間のなかでどう継続するかは理解できない。

　いかに多くの人々が今日、蒸気機関を動かす物理的・機械的な作用を知らずに、汽車が走るのを見ていることか。そのような無知によって、人間は自分の周囲とどのような関係にあるか、考えてほしい。人間が作ったもの、人間の思考の産

物であるものを私たちが理解していないという事実は、人間の心魂と精神の気分にとって大きな意味を持っている。電車の運転の仕組みについて何も知らない人が、いくらか不快感をもって電車に乗り降りするなら、うれしいことだ。というのは、そのように不快に感じることが、改善の始まりになるからである。最悪なのは、人間が作った世界を、なにも気にかけずに体験することだ。

物理

そのようなことを防ぐ勉強を、民衆学校の最後の段階で行なう。重要な生活のいとなみについて、すくなくとも基本的な概念を持つことなしに15歳・16歳の子どもが卒業しないようにするのである。そうすると、子どもは周囲で起こるものごとに対して知識欲旺盛になり、この好奇心から知識を発展させていく。

【全集294巻】

6〜8学年

6学年で物理の授業を始める。子どもが音楽の授業をとおして得たものに、物理の授業を結び付けるようにする。音楽から音響学を生み出すことによって、物理の授業を始める。音響学を音楽に結び付け、それから、人間の喉頭の物理学的・生理学的な説明に移る。目はまだ説明できないが、喉頭は説明できる。

つぎに、光学と熱学に移行する。電気と磁気の基本概念も、6学年で教える。

7学年で、音響学・熱学・光学・電気・磁気の授業を進めていく。そうして、機械工学の最も重要な基本概念、すなわち梃子（てこ）・軸車・ローラー・滑車・斜面・螺子（ねじ）などに移る。

8学年では、6学年で学んだことを繰り返しつつ展開していき、水力学に移る。水中の側圧や浮力のような概念、アル

キメデスの原理に取りかかるのである。物理の授業は気体力学で終了する。その際、気象・気圧・天候に関連することすべてを話題にする。　　　　　　　　　　　　【全集295巻】

9〜12学年

ものごとを次第に、ゲーテの言う「原現象」に導き、現象のみを扱うように努めねばならない。エネルギー保存の法則は、従来のような扱い方をしてはならない。それは公準・要請であって、原則ではない。スペクトルを扱うことはできる。それは原則だ。しかし、エネルギー保存の法則は哲学的命題として扱う。力学的エネルギーが熱に変わったときの熱当量（熱の仕事量）は現象である。

なぜ、現象学の内に厳密にとどまらないのか。今日、本来は現象であるものが、法則として扱われている。たとえば落下の法則のように、「法則」と名付けるのは無茶だ。それは現象であって、法則ではない。物理学全体をいわゆる法則から解放して、現象に還元する。2次的現象と原現象に整理できる。落下について教え、アトウッドが物体の落下に際して重力加速度を測定したことについて述べるとき、それは現象であって法則ではない。重力について語るのをまったくやめるといいだろう。現象のみを教えれば、そうできる。重力というのは単なる空言だ。

今日では、力について語ることなしに、電気について語れる。厳密に現象にとどまることができる。イオン理論・電子論にいたるまで、現象として語ることができる。そうするのは、教育的に非常に重要だ。力というのは質量と加速度の産物にほかならないことを明らかにし、形而上学的な概念に結び付けずに、現象的に力について語るのである。

9学年の物理では、2つのことを試みなければならない。第1に音響学・電気学・磁気である。生徒は正確に電話を理解できる。第2に、熱学と機械工学である。機関車を理解する必要がある。

9学年で、電気に関しては、可能なかぎり合理的に現象を前面に据え、理論的な思弁を少なくする。できるかぎり実験によって、必要な概念を発展させるのが理想だろう。できるだけ板書せず、実験ですべてを示していく。また、ソクラテス的な産婆術を試みることができる。理論を展開すると、ソクラテス的方法は役立たない。

10学年は、機械工学に適した時期である。簡単な機械を根本的に理解する必要がある。

10学年でもう一度、機械工学で放物運動、簡単な機械、および三角法を学ぶ。放物運動は、方程式と結びつけて取り扱うとよい。放物線の方程式と、放物線の法則性を理解することが大事である。哲学は驚きから始まるが、授業においては驚きが最後に引き起こされねばならない。

物理では11学年で、物理学の最近の成果、無線電信、レントゲン、アルファ線、ベータ線、ガンマ線にいたるのがよい。そうすると、子どもに関心を目覚めさせることができる。

物理と化学においては、化学と物理全体が1個の有機体・統一体であって、集合体ではないことを教える。12学年で学校は終了する。私たちは各教科の結論を引き出さねばならない。たとえば、「なぜ規則的な五角形があるのか」という問いに結晶学と鉱物学で答えねばならない。

9学年では電話の仕組み・蒸気機関・熱学・音響学、10学年では機械工学、11学年では現代の電気学、12学年では光学に取り組む。光線ではなく像に取り組む。光の場と光空間に

ついて学ぶ。屈折についてではなく、光の場の圧縮について語る。「光線」という表現は使わない。レンズについて語るとき、レンズの断面と空想的な光線の断面を示すのではなく、レンズは像を集め、収縮・分散させるものである、と把握する。直接視野に示されるものにとどまるのである。

光学において「光線」を克服しなければならない。光学の領域に入るのは、第1に光そのもの、拡散による強度の減少、測光、つぎに光と物質、屈折と言われているもの、像の拡張と縮小、変位、それから色彩の発生、偏光現象、二重屈折、光の拡散現象である。鏡はこのうちの拡散との関係で取り上げる。

精神生活においては個々の部分が関連しているので、光学は非常に重要だ。なぜ精神的なものが理解されていないのだろうか。本当の認識論がなく、抽象的な屁理屈を並べているからだ。なぜ本当の認識論がないのか。バークレーが視覚について本を書いて以来、見ることは認識とは別ものと思われている。

鏡という現象について、「ここに鏡がある。そこに垂直に光線が落ちる」というふうには説明しない。目はまっすぐに見ると、ただまっすぐに前を見るだけだ。では、なぜそうなのか、説明しなくてはならない。根本的に、鏡は対象の像を目に引き寄せるのである。主観的な引力があるのだ。視覚から出発しなければならない。まっすぐに見ると、妨げなく見られる。鏡をとおして見るときは、対象を妨げなく見るのではなく、一定の方向で見るのである。鏡を用いると、偏光する。鏡をとおして見ると、1つの空間次元が消えるのである。

【全集 300 巻】

実験と考察

　感情という回り道をして子どもに伝わるものすべてが、子どもの内面のいとなみを成長させる。他方、単なる表象によってもたらすものは死んでいる。表象をとおしてもたらせるのは、鏡像だけだ。子どもに単なる表象をもたらすとき、私たちの無価値な頭が働いている。人間の頭というのは、以前に精神世界にいたときにのみ価値があったものだ。血液のなかに存在するもの、地上で意味を持つものを、私たちは感情を込めて表象を子どもにもたらすことによって的確にとらえる。真空ポンプを備えた排気鐘は、空間を破壊する敵対的な力だという感情を形成することが必要である。空気をポンプで排出したあと、排気鐘には恐ろしい真空空間ができるということをいきいきと子どもに語れば、多くのことが達成される。真空空間と痩せて干からびた人間とのあいだに存在する類縁性を感じることを学ばねばならない。

　私たちは子どもと実験をする。人間は本来、頭でだけ表象する。律動人間は判断し、四肢・新陳代謝人間、特に脚と足が結論を引き出す。

　知覚行為をありありと思い浮かべると、意志つまり自分から行なうものを知覚することは、単なる表象ではなく、結論を引き出すことと深く関連している。

　自分の体を見るとき、体が結論だ。私が目を物体に向けているあいだだけ、表象は存在する。しかし、私は半分無意識的な経過をとおして、全体を体験させるものを判断に沿って収集する。そして、これは物体だ、と判断する。しかし、それはすでに結論の知覚である。知覚するとき、分別をもって知覚するとき、私ははっきりと結論を形成する。

　この結論のなかに、人間全体が存在する。実験をするとき、

物理

そうなのである。絶えず人間全体をとおして受け入れるからである。受け入れる経過のなかに、絶えず結論が入る。通常、判断はまったく知覚されない。判断は内部にある。「実験をするとき、人間全体が用いられる」と言うことができる。しかし、ただ実験をすることによっては、私たちは子どもに非常によいことを、教育的にまだ行なってはいない。子どもは実験に興味を持つだろうが、通常の子どもは、常に全身の力を奮うには弱すぎる。実験をしてみせたり、注意を外界に向けると、人間は我を忘れすぎる。

　授業・教育において意味深いのは、人間の3つの部分を考慮して、それぞれの権利を認め、適切な相互作用にいたらせることだ。まず、実験をする。そこでは、生徒は全力を奮う。さしあたり、そこまでにしておく。そして、子どもの注意を実験を行なった器具からそらせ、もう一度、全体を取り扱う。直接体験されたものの記憶に訴えて、全体をもう一度取り扱う。そのように取り扱い、観察なしに要約して再述すると、特に人間の律動系が活気づく。人間全体に負担をかけたのち、律動系と頭部組織を奮起させる。要約して再述するとき、教師は頭部組織も働かせるからだ。

　まず人間全体を活動させ、それから特に律動系を活動させる。そして、子どもを家に帰らせる。子どもは眠る。教師がまず人間全体、それから律動系のなかで活動させたものが、子どもが眠ってアストラル体と個我が外にあるあいだに、四肢のなかに生きつづける。人間全体のなかで形成されたものと、律動系のなかで形成されたものが、頭部のなかに流れていく。そして、イメージが頭部のなかで形成される。翌日、子どもが学校に来るとき、前日の実験のイメージを、それとは知らずに、頭のなかに持っている。すべてがイメージとし

て頭のなかにあるのだ。

　まず実験し、それから口頭で繰り返して説明したことがらについて、改めて熟考しつつ詳述する。考察しながら詳述する。イメージは意識的になろうとする。イメージの意識化に、教師は応じる。つまり、物理の授業では実験し、何が起こったかを子どものまえでもう一度話す。翌日は、実験のなかで経過したものについて子どもが法則を知るように導く。それを思考・表象に導く。子どもが持ってきたイメージを実体のないものに導くよう、子どもを強いない。

　なにも知らずに頭に「写真」を持っている子どもを前にして、考察をとおして栄養を与えずに、新たに実験をすると、ふたたび人間全体を酷使する。この苦労は人間全体を掻き回す。イメージを掻き回し、教師は子どもの頭のなかに混沌を持ち込む。どんなことがあっても、そこに存在しようとするものをまず固定しなくてはならない。それに栄養を与えなくてはならない。　　　　　　　　　　　　　　【全集302巻】

物理

力学

　11歳以前の子どもに梃子の原理、蒸気機関の原理を教えると、子どもはそれについて内的に何も体験できない。子どもは身体のなかに力学・動力学を有していないからだ。

　正しい時期、つまり11歳・12歳ごろに物理学・力学・動力学を教えはじめると、子どもの頭に入っていくものが思考のなかに据えられる。子どもが骨組織から体験するものが、それに応じる。私たちが子どもに語るものが、子どもの身体から出ようとするものに結び付く。そうして、抽象的・主知主義的ではなく、生命的・心魂的な理解が生じる。それが、私たちが達成しようと努めねばならないものだ。【全集305巻】

生活からの出発

　物理現象に関しても、生活から出発することが重要だ。たとえばマッチを擦って、マッチがどのように燃えるかを子どもに見せる。炎の外側はどのように見え、内側はどのように見えるかなど、細かいところまで子どもに注意させる。火を消すと、軸が黒くなっている。そうして初めて、マッチを擦るとどのように火がつくのか説明する。

　たとえば梃子から始めて、「梃子にはアームがあり、一方のアームに一定の力、他方のアームに一定の力がかけられる」と、物理学の本に書いてあるように語ってはならない。天秤から始めるべきである。天秤を使っている店に行った、と子どもに考えさせてみる。そこから均衡・重さという概念に進む。生活から物理学を展開していくのだ。化学現象に関しても同様である。生活から出発すると、子どもは疲れない。抽象的なものから出発すると、子どもは疲れる。

　民衆学校の子どもには、律動組織に対してのみ働きかけるようにしなくてはならない。決して疲労しない律動組織は、適切な方法で活動させられると、まったく消耗しない。

　知能ではなく、ファンタジーから生まれたイメージが必要だ。11歳後半から14歳までのあいだも、無機物をファンタジーによっていきいきとしたものにし、生活に結び付ける必要がある。物理現象すべてを生活に結び付けることができるのだが、そのためには想像力を持っていなくてはならない。

【全集311巻】

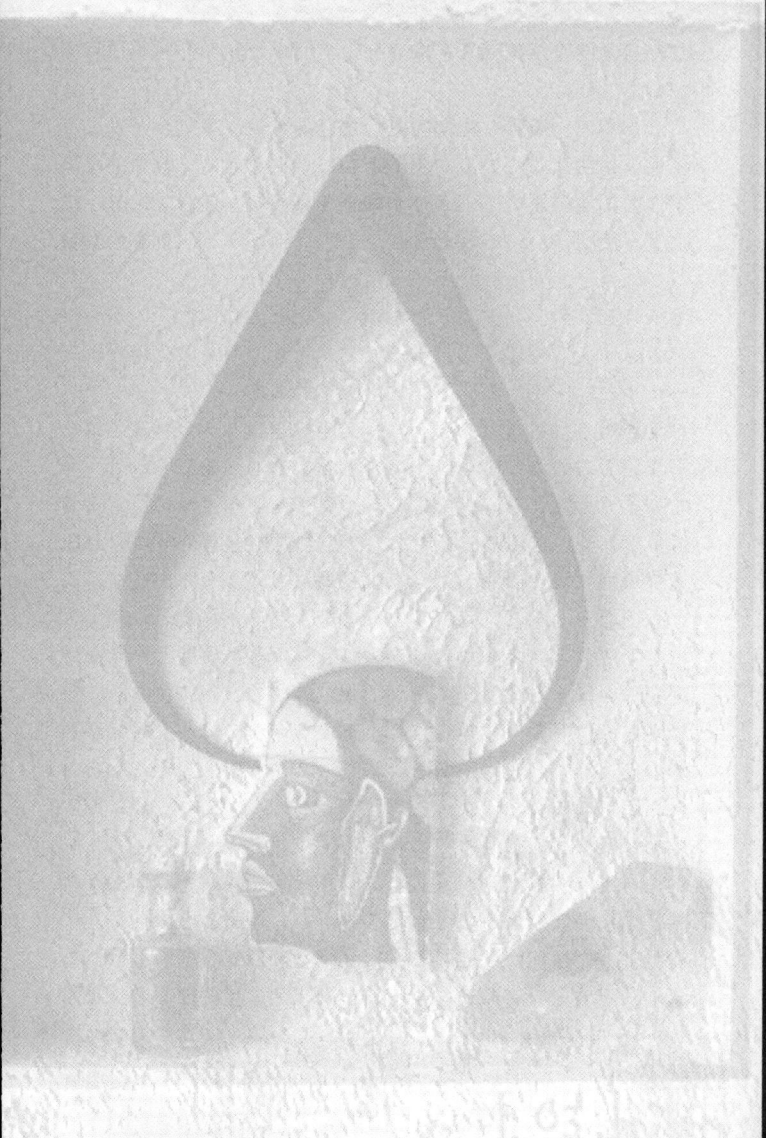

Worte Rudolf Steiners zum Lehrplan

化学

7～8学年

7学年で燃焼のような経過(プロセス)から出発し、そうした日常的なプロセスを探究して、簡単な化学的表象に移っていく。

8学年で、簡単な化学的概念を発展させ、工業がどのように化学に関連しているか、子どもに把握させる。化学的な概念との関連において、人体を構築する素材、澱粉・糖分・蛋白質・脂肪について教える。　　　　　　　　【全集295巻】

8～12学年

8学年で有機化学の初歩を学ぶ。アルコールとは何か、エーテルとは何か。これを9学年でも学ぶ。

10学年で、まず塩・酸・塩基の意味をはっきり学ばねばならない。この学年で塩基・塩・酸を本格的に観察すれば、非常に多くのことを達成できる。ついで、アルカリ性反応と酸性反応について語り、そのあとで生理学的経過を付け加える。蜜蜂の消化液と血液のような、相対する反応から出発することもできる。そこにはアルカリと酸があるからだ。このようにして生理学に入っていく。アルカリ・酸・塩基という概念を明らかにする必要がある。消化液は酸のように反応し、蜜蜂の血液はアルカリのように反応する。このような対極が蜜蜂の消化器官のなかにある。同じものが人間のなかにもあるのだが、このようにはっきりとは確かめられない。蜜蜂なら、容易に実験室で確かめられる。

11学年では、化学の主要概念、酸・塩・塩基を可能なかぎり完全に理解させることが必要だ。アルコールとは何か、アルデヒドとは何かを知る。有機化学と無機化学の区分は、あまり顧慮しない。最初に素材自体の化学を展開するのは正し

くない。経過（プロセス）を取り上げるのがよい。そこに素材・金属を持ち込むのである。質量とはプロセスが保持されたものである、という感情を呼び出す。

　硫黄は、停止したプロセスなのである。ひどく雨が降っている場所にいると、その経過に私は結び付いている。しかし、雲を遠くから見ると、雲は対象のように私に現われる。私が何かの経過を考察するとき、それは私が雨のなかにいるようなものだ。私が硫黄を考察するとき、それは雲を遠くから考察するようなものだ。素材は凝固したプロセスである。

　12学年で化学を完結しなければならない。高校卒業試験の対象となるものに移行しなければならないだろう。地質学的な思考、地層とは何か、どんな岩石が中にあるか、そして化石について、理解を目覚めさせることができるだろう。そうすると、子どもはあとで個々のことがらを学んでいくにちがいない。休暇前に氷河時代までの地層を概観し、のちにアルコールの概念、アルコールの機能、エーテルの概念、精油の機能、有機毒物、アルカロイドの本質を学ばねばならない。さらにシアン化合物と炭化水素化合物の概念を学ぶ。

　化学を人間と密接に関連させて考察しよう。子どもは12学年で、有機プロセスと無機プロセスという概念を理解している。動物のなかだけでなく人間のなかにも見出されるプロセスにいたることが重要だろう。プチアリン、ペプシン、パンクレアチン形成などである。人間のなかの金属プロセスは、原則から発展するものとしてとらえる。たとえば、子どもが理解できるかたちで、人間のなかの鉛のプロセスを語る。

　あらゆる素材とプロセスが人間のなかで完全に変化する、ということを示さねばならない。ペプシン形成においては、もう一度、塩酸形成から出発する。それを無機的なものとし

て観察し、「ペプシン形成はエーテル体のなかでのみ遂行できるものであるが、そこにはアストラル体が働きかけているにちがいない」ということを教師は考察する。つまり、プロセスの完全な撤去と構築である。塩酸から無機的なプロセスが発する。食塩から、塩酸の特性を語る。

ついで、有機体のなかにのみ現われるものとの差異を明らかにする。植物性蛋白質、動物性蛋白質、人間の蛋白質の違いを理解させる。人間の蛋白質は動物の蛋白質とは異なる。ライオンと牛を取り上げる。ライオンにおいては、プロセスが牛の場合よりも循環に向いており、牛は消化プロセスに向いている。ライオンは消化プロセスを、呼吸プロセスによって形成する。牛の場合は、呼吸プロセスを消化が世話する。

無機的・有機的・植物的・動物的・人間的な化学がなくてはならない。子どもには例として、塩酸、ペプシン、プチアリンなどを挙げる。そうすると、蟻酸から蓚酸への変容プロセスを考察できる。

宇宙のリズムから出発して、元素の周期律を説明しなくてはならない。原子量から出発するのは暴挙だ。リズムから出発しなくてはならない。量的関係全体を、振動から説明しなくてはならない。たとえば水素と酸素の関係は、オクターブのようなものだ。こうして、12学年のカリキュラムが終了する。

【全集300巻】

Worte Rudolf Steiners zum Lehrplan

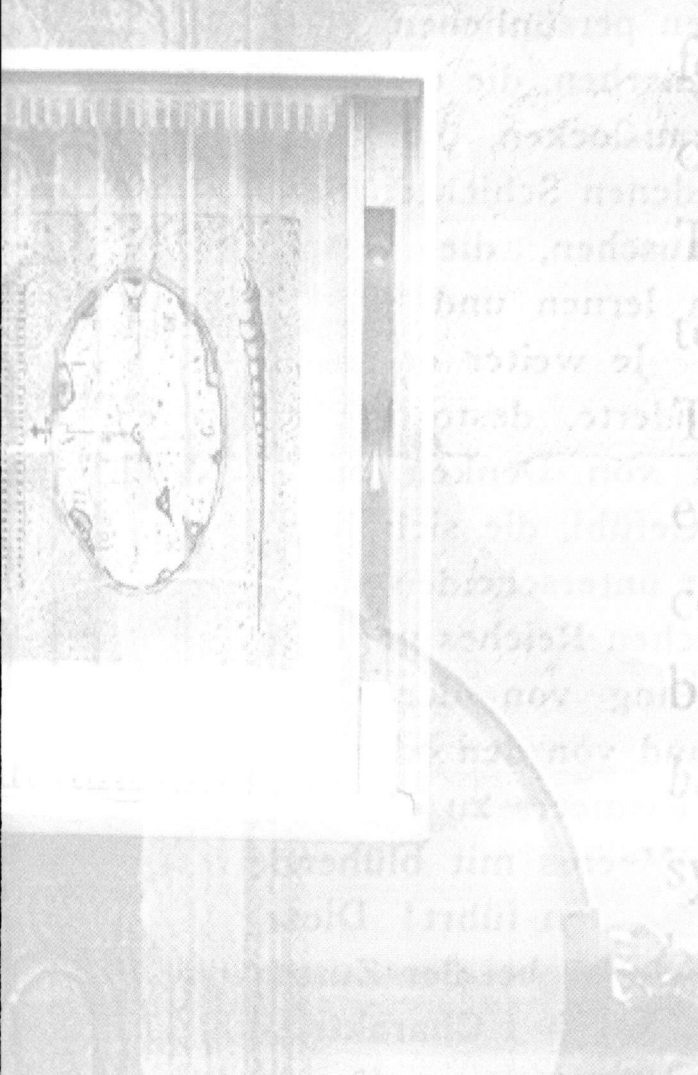

生活科

1～3学年

　子どもに身近なものを説明することによって、子どもに熟考を促すもの、のちに地理・博物学のなかに現われてくるべきものを教えていく。それを、よく知っているもの、よく知っている動物・植物、土地の様子、山・川・野原に結び付けることによって、子どもに説明できるし、理解させることができる。郷土誌と言われるものである。

　大事なのは、1年生の子どもを周囲に対して目覚めさせること、心魂を目覚めさせることだ。こうして子どもは、自分が周囲と本当に結び付いているということを学ぶ。

　2学年では、周囲の叙述に関しては、1年生で始めたことを継続する。周囲に見られるものを自由な形で用いて、生活科の授業を行なう。

　3学年、つまり9歳ごろ、子どもは生活科の授業をとおして、たとえば、どのように漆喰を建築に用いるか、その様子を追うことができる。どのように肥料を撒いて畑を耕すか、ライ麦・小麦はどんな姿をしているか、イメージできる。子どもが理解できる周囲のものに取り組むのだ。　【全集295巻】

10歳以前の子ども

　10歳以前の子どもに教えるには、すべてが生命・心魂を持っているかのように語れる、芸術的な感覚を持っていなくてはならない。教師は植物に語らせ、動物を道徳的に行動させねばならない。教師はすべてを、童話・寓話・伝説に変えることができなくてはならない。これが特に考慮すべき、重要なことである。

　理想的なのは、教師がよく準備して、植物との対話を自分で作り出すことだ。特別に十分な準備が必要である。百合と

薔薇の童話を教師自身が考え出して、生徒に話す。太陽と月の対話を教師が自分で考え出して、生徒に語る。

　本で学んだことを子どもに語ると、干からびた人間のようになる。その他の点では、まだ生気ある人間であっても、不思議なことに、干からびた人間のように語ることになる。記述されたものから学んだことの名残りを、自分の内に担っているからだ。

　それに対して、自分で考え出したものは、みずからの内に成長力、新鮮な生命を持っている。それが子どもに作用するのである。だから、童話のなかの植物・動物・太陽・星をいきいきと解釈しようとする衝動が、子どもに向かい合う教師のなかになくてはならない。そうすると、朝、学校に行く教師の歩みのなかに、子どもたちに伝わっていくものが、すでに現われている。

　子どもが植物・動物・鉱物・太陽・月・山・川について学ぶべきものは、9歳が過ぎるまでは、このような形で教える。子どもは世界と結び付いているからだ。この年齢においては、世界と子ども、子どもと世界は一体である。　【全集303巻】

生活科

Worte Rudolf Steiners zum Lehrplan

地理

線描と地理

　授業において、たとえば線描と地理を結び付ける。一方で線描の授業をし、地球をさまざまな側から描くことへと発展させていく。山や川を描き、星々・惑星系などを描くよう導くと、子どもにとって非常に大きな意味がある。14歳から15歳が終わる前、あるいは正しい方法で12歳からこのような学習を始めることは可能であるだけでなく、有益である。

【全集192巻】

地図

　地図を描き、物理学的な概念を持ち込むことによって、博物学・幾何学をとおして地理の学習を確かなものにできる。

　地図のなかに周囲の川を描き、さらに周囲の有様を描き加えていく。その地図に山脈も描き込む。9歳から12歳まで、地理の授業で外的・経済的な状況を子どもに叙述する。さらに子どもに、諸民族の文化・精神を把握させる。ほかのことは後年に取っておき、諸民族の法律に、単純で初歩的な概念によって注意を向けさせる。子どもは法というものを完全には理解しないからだ。

【全集294巻】

4～8学年

　本当に目に浮かぶように地理の授業を行ない、国々における植物の分布、産物の分布を図で一目瞭然に示すと、生徒は理解する。まず土地を描写し、スケッチする。生徒に黒板にスケッチさせ、そのなかに川・山、植物・森・牧場を描き、旅行記を生徒と一緒に読む。そうすると、地理に素質のない生徒は非常に少ない、ということが分かる。地理を利用して、ほかの能力を活発に開発することができる。

4学年では、近隣の地理から始める。5学年では、土地の構成、近隣の地域に関連する経済状況から始める。6学年では5学年で行なったことを継続して、世界の他の地域を考慮に入れて、気候から天空へと話を進める。7学年では、天空に関する話を継続し、人類の精神文化の考察を始める。その際、最初の2年間で学んだ物質的文化状況、特に経済状況に関連づけて考察する。

　6学年で鉱物を扱うとき、地理と関連させる。7学年では、物理・化学で得た概念によって、さまざまな事業・交通についての包括的な見解を引き出す。それを物理・化学・地理との関連において、博物学をとおして授業する。8学年では、ふたたび物理・化学・地理との関連において、さまざまな事業や交通の様子を包括的に示す。【全集295巻】

8～12学年

　8年生に地層の形成を意識させるのはよいことだ。どのようにアルプスができたかを理解させ、ピレネー山脈、アルプス、カルパチア山脈、アルタイ山脈という全体像を扱う。これは1つの起伏である。この起伏全体を、子どもがつかめるようにする。もう1つの起伏が北米から南米に走っている。一方はアジアのアルタイ山脈まで、西から東に進んでいる。もう一方に、上方に北米の山脈、下方に南米の山脈がある。これは北から南への起伏であり、最初の起伏に対して垂直である。

　そこに私たちは植物と動物を並べる。ヨーロッパの西海岸とアメリカの東海岸の動物相・植物相・地層を研究する。そして、アメリカの東部とヨーロッパの西部が関連しており、大西洋は大陸が沈没したものであることを理解させる。

そうして、自然に即した方法で、海陸が上下することを明らかにする。ブリテン島が4回、上昇・下降したことを示す。地理的に古代のアトランティスが存在したことを示す。ついで、海底に沈んでいるときと海上に浮かんでいたときとでは様子がいかに異なっているか、子どもに思い浮かべさせる。ブリテン島が4回、上昇・下降したことから出発する。これは地層を調べれば、簡単に地学的に確認される。

　これらのことがらを、たがいに関連させる。アトランティス大陸について子どもに語ることに怯んではならない。アトランティス大陸について語ることを抜かしてはならない。アトランティスの崩壊は紀元前7000〜8000年に見積もられる。氷河期がアトランティス崩壊の時期である。前期・中期・後期の氷河時代だ。ヨーロッパにおいて生じたことと、アトランティスの沈没は、紀元前7000〜8000年に同時に起こったのだ。

　できるだけ、地層を示す。地層図を用いることもできるが、子どもは岩石の種類について知る必要がある。

　9学年で、アルプスの構成全体を学ぶ。東アルプス支脈の石灰岩からなるカルクアルペン、境界を作る川谷、山脈、それらの風景、地中海沿岸の沿海アルプスから始めて、スイスを通り、オーストリア・アルプスまで、地理的特徴について学ぶ。アルプスについて語るとき、大地の構造のなかで山脈が十字形を示すことを話す。ピレネー山脈、カルパチア山脈、そして樹木の茂る山々を通って、アルタイ山脈まで延びる東西の線がある。この線は地下で継続して、輪のように地球を囲んでおり、北米・中米・南米のコルディエラ山系と垂直に交わる。2つの十字を作る輪を、地球の構造として、子どもに明らかにする。地球は内的に有機体である、という表象が

得られる。

　単にエジプトを取り上げてみても、実際に目にするような具体的な表象・イメージがないと、容易に忘れ去られる。エジプトの位置・様子について、自分の町・村と関連させて、具体的で詳細な表象を持てるように注意しなければならない。子どもはピラミッドやオベリスクについては知っているが、それらがエジプトにあることは知らない。完結した表象へと導くよう、あらゆることを行なったかどうか、よく考えてみる必要がある。ヨーロッパその他の地図を描かせて、概観と相互の関連を把握させるべきだろう。まとまった表象が得られれば、子どもはよく記憶する。

地理

　10学年では、地球全体を形態学的・物理学的に叙述する。山脈の構造全体が十字形をなしていることなどを取り上げて地球を叙述する。東西の方向と南北の方向が、たがいに交わる。大陸の形態、山脈の形成、河川について学ぶ。等温線、地球南北の磁極を知り、海流・気流・赤道海流・地球内部を研究する。つまり、地球を全体として把握する。

　11学年では、測量学と地理学を結び付けることによって、メルカトル図法の世界地図について正確な表象を与える。また、メートル法がどのようにできたかを話す必要がある。8年生は、星空を見て話をすると、畏敬を感じる。それに比べて、地図を見て畏敬を感じることは困難だ。

　18歳で歴史・芸術を理解し、文学・芸術史・歴史における精神的なものを、人智学的ドグマなしに受け取ることが望ましい。文学・芸術史・歴史を、精神的な内容として語るだけではなく、それらを精神的に取り扱うよう試みなければならない。たとえばブリテン島は海に浮かんでおり、星々の力によって外から保たれている。島は土台に据えられているので

はなく、漂っており、外から保たれている。全体として、原則的に大陸と島は外から、宇宙によって形成されている。大陸は、宇宙の作用、星界の作用によって形成される。地球は宇宙の鏡像である。内部から出来上がるのではない。

 12学年で地理について語るとき、現代から逆向きに進むことを勧める。沖積世（完新世）から洪積世（更新世）、そして氷河時代を語る。一定の仮説に拠らずに、氷河時代のような現象を地表以外のもの、地軸の変化との関連で理解させる。そこから第3紀を遡っていき、第2哺乳類世界、第1哺乳類世界の登場を明らかにする。

 石炭紀について学ぶにあたって、のちに鉱物化したもの、植物が石化したもの、動物が石化したものという順番で考察するのが理想的だろう。石炭紀には、動物が石化されることがなくなる。石化された植物は、まだある。石炭紀に形成された地層、石炭系すべてが植物である。さらに遡ると、完全な未分化状態になる。形態はかつてはエーテル形態であった。石炭が形成されたとき、個々の植物への個体化は進んでいなかった、と表象すべきだ。羊歯（しだ）があったと思われているが、むしろ未分化の粥が石化したのである。この粥のなかにエーテル的なものが絶えず活動しており、分泌されて下に落ちた。本来の有機物が発生期状態で化石になったのである。

 12学年で、概観を与える。歴史と地理の授業では、そもそも概観を与えるだけだ。全体の概観が得られれば、個々のことがらは個々人で調べられる。　　　　　　　　　　【全集300巻】

地理と歴史

 私が述べたような方法で植物学を学ぶことによって、子どもは地球の生命を知る準備ができる。そうして、地理にも移

行できる。さまざまな地域を物語形式で叙述することによって、地理を教えていくことができる。遠くの地域、たとえばアメリカやアフリカも叙述できる。博物学をとおして植物界と地球全体との関連を学ぶことによって、子どもは12歳ごろ、本来の地理を理解するための準備をする。

　歴史においては、地球の気象、地球のさまざまな場所における規則的な形態と構造に歴史の発展が依存していることを示すのが大事だ。海と陸の関係、古代ギリシアの気象について概念を与えたあと、古代ギリシア精神のうち、人類の内的な経過の徴候として発展したものに導いていくことができる。地球について与えられる地理的なイメージと歴史的発展とのあいだに、密接な内的関連を見出すことができる。

地理

　地上の諸地域の叙述と歴史的発展についての叙述とが、いつもかみ合うべきだ。歴史でアメリカ発見を扱うまえに、地理でアメリカを取り上げるべきではない。人間の視野が、進化の経過のなかで拡大したことを考慮する必要がある。そして人間の心情を、あまりにも強く絶対的なものへと向かわせるべきではない。いわゆる数理的地理学において、最初からドグマ的にコペルニクス的宇宙体系、あるいはケプラー的宇宙体系の描写から出発するのはよくない。どのようにして、そのような宇宙体系にいたったか、子どもに示唆する必要がある。そうすると子どもは、人類が有するにふさわしい概念を越え出た見解に捕らわれない。

　プトレマイオスの宇宙観の時代の人間は、プトレマイオスの硬直した概念を子どもに教えたことだろう。いま、人々は子どもに、コペルニクスの宇宙観の概念を教えている。しかし、むしろ、どのようにして星々の位置を確かめ、総合的に宇宙体系を形成するか、子どもに概念を与えることが必要で

ある。黒板にコペルクニスの宇宙体系を事実として示すと、子どもはどのように表象することになるだろうか。いったい人類はどのようにして、そのような宇宙像にいたったのだろう。どのようにしてその宇宙像が形成されたのか、子どもはいきいきと表象しなくてはならない。

そうでないと、子どもは生涯、混乱した概念を持ちつづけながら、その概念を確かなものだと見なす。そうすると、誤った権威感情が作られるだろう。だが、7歳から14歳・15歳の子どもを、正しい権威感情を計算に入れて扱うことによって、誤った権威感情が発生することはない。　【全集301巻】

空間の表象

ありありと目に見えるように地理の授業を行なう必要がある。ナイアガラはエルベ川にあるのではない。エルベ川とナイアガラの間にはどれくらいの空間が存在するかを意識に上らせることによって、生徒のなかに確固さをもたらす。本当に目に見えるように授業すると、私たちは生徒を空間のなかに置き、子どもに世界への関心をもたらす。

よく分かるように地理を教えられた生徒は、事物が空間内に並存することを習得しなかった人よりも、愛に満ちて隣人に向かい合う。ほかの人々の隣にいることを学び、ほかの人々を思いやる。これらのことが道徳を形成する。地理を退けるのは、隣人愛への反感を意味する。　【全集302巻】

植物相

子どもにいきいきと植物の生長について教えると、植物学から地表の観照へと発展できる。地表は、あるところでは黄色い植物が芽吹き、べつの地域では植物の生育がよくない。

植物学から、子どもの発展にとって非常に重要なもの、つまり地理への移行がなされる。植物が一定の地表に現われることを示して、地球の姿を子どもに教える。こうすると、子どものなかに、死んだ知力ではなく、生きた知力が発展する。

【全集 307 巻】

地理

Worte Rudolf Steiners zum Lehrplan

歴史

歴史の授業

単なる物語ではない歴史は、12歳に達したあとで勉強しよう。そのころ、子どもは大きな歴史的関連に関心を持つ。これは将来にとって、特別重要だろう。歴史的な関連を把握できるように子どもを教育する必要が、ますます明らかになるからだ。

人々はまだ、本来の歴史観にいたっていない。今まで人間は、経済と国家の構成員であり、経済と国家のなかに機械的に組み込まれていた。支配者と戦争について、ありあわせの歴史を知れば、経済と国家の要求・利害を満足させた。支配者と、せいぜい数人の有名な人物がいつ生き、いつ戦争が起こったかを人々が知れば、経済界と国家は満足したのである。それは「歴史」ではない。

人類の文化がいかに発展したかを、授業の対象にしなくてはならない。授業のなかに歴史的な衝動が生きていなければならない。そして適切な時点で、この歴史的な衝動をカリキュラムのなかに正しく据えなくてはならない。　【全集294巻】

4〜8学年

4学年において、まだ自由な形で、生活科から、手近な歴史に属するものについての話へと移行できるだろう。たとえば、事実に即して、どのように自分たちの故郷でブドウ栽培が始まったのか、どこから果樹栽培が伝わったのか、どのように工業が発展したかなどを子どもに物語る。

5学年において、本当に歴史的な概念を教えはじめるために、あらゆる努力が払われる。子どもが5年生の時期に、東洋の諸民族の文化、ギリシアの文化について教える。古代に遡るときに相応の概念を呼び出す能力を持たない現代人は、

古代に遡ることに臆する。10歳・11歳の子どもの感情に絶えず訴えかけて、東洋の諸民族とギリシア人を理解できるように教える。

6学年においては、ギリシア人とローマ人について歴史的に考察し、ギリシアとローマの歴史が15世紀初頭まで与えた影響について考察する。

7学年においては、15世紀にどのような新しい人間生活が始まったかを、子どもに把握させることが大事である。そして、17世紀初頭までのヨーロッパ等の状況を叙述することが大事である。これは最も重要な時代であり、綿密な注意を払わねばならない。それ以降の時代よりも重要なのだ。

8学年では、引き続いて現代までの歴史を子どもに教える。その際、徹底して文化史を考慮する。今日なお慣例的な歴史の内容をなしているものの多くには、なにかのついでに触れればよい。子どもがあまりに早く「エムス偽電報事件」のような珍奇なことを学ぶよりも、蒸気機関・紡績機械などがいかに地球を変革したかを学ぶほうがずっと大事である。今日の歴史の本に載っているのは、子どもの教育にとって最も重要でないものだ。カール大帝（シャルルマーニュ）その他の歴史的偉人さえ、一瞥すればよい。抽象的な時代表象を、常に具体的なものにすることが必要である。　　　　【全集295巻】

歴史

8〜12学年

古代の戦争は文化史的に扱うことができる。近年、戦争は凄惨なものになってきた。ペルシア戦争は、文化史上の兆候として考察できる。リュクルゴスの制度「レトラ」の精神を述べ、アテネ精神とスパルタ精神の違いも述べねばならない。教科書には、しばしば非常に誤ったことが書いてある。ロー

マ人は12表法だけでなく、数多くの法律書を暗記していた。ローマ人は法律の人間であったということを教えないと、ローマ精神について誤った表象を子どもに与える。

8学年でシラーの『30年戦争史』を読む。そのなかには教養になるものが非常に多く含まれている。どの学年でも歴史を最初から始めねばならない。たとえば8学年で最初から始める必要があるとき、人類進化の全体像を要約するよう試みる。8学年で世界史全体を勉強しなくてはならない。

9学年では、まず先に行かず、レッキー『近代文明の歴史』に拠って、歴史を精神科学的に学びなおす。

9学年で、16・17・18・19世紀の歴史を扱う。これらの世紀をとおして、生徒に現代を理解させるという目標に取り組むことが重要だ。生徒たちは、もう15歳である。さまざまな方法で歴史に取り組むことが重要だ。8学年では物語的に扱い、9学年では近世の理念を扱う。主導的な理念を子どもに語らねばならない。

10学年では太古に戻り、ギリシアの自由の崩壊まで、歴史を区分する。つまり、最古のインド時代、ペルシア時代、エジプト・カルデア時代、ギリシア時代から、紀元前338年のカイロネイアの戦いまでである。

11学年で国語で取り上げている作品と同じ時代（中世）の歴史を扱うのだが、その歴史の経過を現代に結び付ける。古代の人物たちが現代のだれに似ているか、子どもに話す。こうすると、ものごと全体に判断を下せるようになる。

15世紀・16世紀に、地理・天文に関して人間の視野がいかに広がったか、洞察する。16世紀・17世紀に、古代社会から近代国家への移行がなされた。17世紀・18世紀には啓蒙主義が歴史に作用し、19世紀に諸民族の交流がなされた。基盤に

できるものから出発しなくてはならない。昔の歴史叙述を基にして、私たちの見解を述べねばならない。ヘーレン、ロテック、ヨハネス・ミュラーを基にできるのではないか。気象・地帯という土台から出発して、歴史を学んでいく。人々の暮らしが山地と平地ではどう違うか、民族が山地から谷間に下るといかに変化するか、地理的にではなく、歴史的に語る。

18歳の青年は、歴史とともに人類が若返っていることを、いきいきと理解できるようになるべきである。それが、人類に大きな影響を与えるからだ。最古の時代には、人間は60歳まで心魂が発展した。ゴルゴタの秘儀が到来したとき、人類の心魂は33歳まで成長するようになっていた。今日、私たちの心魂は27歳までしか成長しない。

10学年はカイロネイアの戦いで終わりにする。11学年では、中世の歴史を学ぶ。歴史的な概観を与えないと、生徒たちに『パルツィヴァル』を理解させられないだろう。

12学年で、歴史全体について概観を与えることが大事だろう。12学年では、事件・経過の深層に触れることが大事である。歴史の内面を明らかにしようと試みるのである。歴史の全体像の輪郭を示すのだ。

ある意味で、ギリシア文化のなかに古代・中世・近代が存在している。古代はホメロスの時代、中世は偉大な悲劇作家の時代であり、プラトン哲学とアリストテレス哲学の時代が近代に当たる。ローマも、そうだ。個々の民族・文化圏の様子を示す。どの文化のなかにも、古代・中世・近代が存在する。ギリシア史において、古代はギリシア神話で始める。中世にも、そのような始まりがある。ついで、アメリカ文化のように不完全な文化が来る。アメリカ文化には始まりがない。中国文化には終わりがなく、ただ古代である。現実に存在す

るのは、歴史的出来事のスケッチではない。始まり・半ば・終わりを有する輪が混ざり合って回転しているのである。

【全集 300 巻】

歴史と現代

　私たち現在の人間を「歴史」の一部として体験するのが本質的なことだ、ということを明らかにしなくてはならない。子どもを抽象的にギリシアの歴史に連れ戻すと、どうだろう。子どもがすでに高等中学校の生徒になっていても、過去に抽象的に連れ戻すと、ギリシア時代を理解することがなぜ現代人に必要なのか、具体的に理解できない。

　私たちは現代においてもギリシア時代から直接生命的な力を継承している、というところから出発すれば、何が問題なのか、すぐに分かる。この点について、私たちは子どもに、まずイメージを与えねばならない。私たちは前もって、そのように準備できる。

　私たちは歴史の授業において、一定の時期から現代まで継続するものを出発点にしなくてはならない。私たちの普遍的な概念は、すべてギリシア人が作り上げたものだ。歴史という概念も、ギリシア人が作り上げたものである。私たちの表象すべてを見渡すと、それらがギリシア時代の遺産であることが分かる。

【全集 301 巻】

状況の描写・客観性・時間の表象

　たとえばカエサルが何をしたかを、子どもに単に物語るのでは十分でない。それと同時に、カエサルについて「ファンタジー概念」を子どもにもたらすのである。歴史的状況を描き出すのだ。カエサルが歩くのが目に見えるような影像、霧

のような像を、子どもがファンタジーのなかに有することが必要だ。単にカエサルを描写するのではなく、ファンタジーのなかに彫塑的に写し取るようにする。

　私たちの気質を基盤として、強い個人的な関心をもって、子どもに歴史を教えることが重要である。客観性は、もっと後になってから育成すればよい。客観性は後年に発展する。ブルータスとカエサルについて子どもに話す時期に、すでに客観的であろうとして、ブルータスとカエサルの相違・対極性を感情的に具体化しないのは、悪い歴史の授業である。教師は当時の状況のなかに立っていなくてはならない。野蛮になって騒ぐ必要はないが、話をするときに、ブルータスとカエサルに対する共感・反感のかすかな余韻を示さなくてはならない。教師が語るものに子どもが同感するように刺激しなくてはならない。なによりも歴史・地理・地学などを、感情を込めて語らねばならない。

　まず、空間と時間のなかで外的に起こった事実を、子どもたちに物語る。これは実験と同様、人間全体をとらえる。人間はものごとを空間的に表象するようにできている。子どもは空間的に表象し、教師が物語ったものを精神のなかで見つづけるということが、ここから分かる。子どもは時間的にも表象すべきだ。そうしてから、登場人物たちについて、いくつかのことを付け加える。即物的に語るのではなく、性格を述べるのである。最初に述べたことに注意を向けさせ、ついで性格を述べるのである。性格を述べることによって、子どもの律動系を使わせる。そして、子どもを家に帰らせる。翌朝、子どもが登校してくる。子どもは昨日頭のなかで行なったことを精神のなかに写真を撮ったように携えてくる。それについて考察を行なうと、子どもの要求によく応じることが

できる。たとえば、ミトリダテスあるいはアルキビアデスが高潔な人間だったのか否か、かなりの人物だったのかについて考察する。ある日には、より客観的に性格を述べ、べつの日には考察するのである。そうすると、人間の神経系・律動系・代謝系が正しく組合わさるように作用する。授業全体を正しく構成するなら、つまり授業を生活に適合させるなら、このように行なえる。

　歴史の授業をするときには、事実を外的に示してはならない。外的に示すと、すべてが脱落する。歴史の授業でイメージだけを与えると、時間的なものを考慮していないことになる。カール大帝について、自分の叔父であるかのように子どもに物語ると、子どもを惑わすことになる。カール大帝について語るときには、常に時間の隔たりを意識させねばならない。「君は小さな子どもで、お父さんの手を握っている、と思い描いてごらん」と、言う。そして、父親がどれくらい年が上かを、子どもに意識させる。そして、「父さんは祖父さんと手をつなぐ。祖父さんは曾祖父さんと手をつなぐ」と、言う。こうすると、約60年という年月を示せる。「こんなふうに30人が連なっている、と思い描いてごらん」と言う。ひとつながりの列を子どもに思い浮かべさせて、「30番目がカール大帝なんだ」と明らかにする。

　こうして、子どもは時間の距離感を得る。ものごとを単独で示すのではなく、時間の距離感を把握させるのである。正しい歴史の授業をするために、こうすることが重要である。歴史はおもに時間表象・時間観照のなかに生きている、ということが重要である。これは人間の内面に強く作用し、人間の内面を活発にする。

【全集302巻】

10 学年

　例をあげて説明するために、ユリウス・カエサルについて子どもに語るとしよう。前もって、ユリウス・カエサルのイメージを示すように努める。彼の行為を叙述し、彼が進軍した地域を叙述するように努める。彼がいかにいきいきと特徴ある文章を書いたかを叙述する。10年生にユリウス・カエサルについて語るなら、個々の行為について、その意図を話すようにする。ユリウス・カエサルの果たしたことが、もしかしたら実際とは別のものになっていたかもしれない、ということについて語る。語るとき、有利な状況、不利な状況を顧慮するように試みる。

　ゲーテについて語るとしよう。10学年以前に、ゲーテの生涯と作品のイメージをまとめる。10年生からは、たとえばゲーテの作品が1790年から以前とは異なった性格を帯びる、ということを顧慮するように努める。ゲーテのイタリアへの憧れがどのようにして生まれたかを、子どもに語るように努める。この学年以前には、ゲーテが青春時代に何を体験し、後年に何を体験したかを、イメージ的に叙述する。つまり、だんだんと因果関係を明らかにするのである。

　12歳から、因果関係をいくぶん見抜かせる。しかし、因果関係を知りたいという子どもの欲求が満足されるのは10学年からだということを、なによりも理解しなくてはならない。このことを顧慮しないと、さまざまな問題が子どもに現われてくる。

　人間の心魂はそれぞれの年齢において一定のものを要求するということを、明らかにしておかなくてはならない。他のものを与えると、心魂は不都合な反応を示す。この年齢以前と以後を区別しないと、心魂は不都合な反応を示す。9学年

歴史

における授業と同じ性格の授業を 10 学年に継続すると、子どもの心魂は不都合な反応を示す。子どもが性的に成熟する年齢にいたったら、外界への大きな関心を目覚めさせる必要がある。

【全集 302 a 巻】

12 歳の学び（1）

12 歳になると、人間自身が力学的・工学的な部分を持つ物質存在として世界のなかに据えられ、そのような存在として体験される地点にいたる。いまや物理学・化学の初歩、地球について化学・力学の観点から学ぶこと、鉱物学を教えることが可能になる。もしも、それ以前に鉱物学・力学・物理学・化学を教えたら、無意識に子どもの本性を害することになる。歴史的な関連、歴史の概観、歴史を動かす衝動、社会生成を促す衝動は、物理学・鉱物学によって把握されるものの対極にある。

歴史の学習に取り組めるようになるのは 12 歳ごろだ。歴史の理念、歴史を貫く衝動、社会形態に介入する衝動が、歴史の骨格をなす。それに対して、肉・筋肉に当たるのは伝記、歴史における具体的な出来事である。

10 歳から 12 歳のあいだには、感情を暖めるような出来事、感情を込めて見上げることのできる人物の伝記、人物描写、完結した出来事をイメージ豊かに物語らねばならない。それらが歴史の授業に先行する。抽象的に衝動の発展を語りはしない。その衝動は、子どもが 12 歳になると理解可能になる。

12 歳になると、人間が外界に立つことによって可能になる能力が発展していく。12 歳になると、外から個々人を捕らえる歴史衝動を理解できる。

【全集 303 巻】

12歳の学び（2）

　12歳以前の子どもに、歴史の関連を理解させることはできない。善良さや真実さによって喜びを呼び起こす人物のイメージ、あるいは、反対の性質によって不快を呼び起こす人物のイメージを、子どもに話すべきだ。喜びと不快、感情と心情のいとなみを土台として、歴史を語らねばならない。出来事や人物について、簡潔にまとまったイメージ、動きのあるイメージで語るのである。

　かつての出来事とのちの出来事との因果的な関連については、地上とは逆向きのアストラル体の流れが始まるときに、初めて教えることができる。12歳ごろ、子どもはアストラル体の流れのなかに入る。そのころから、歴史における因果関係という概念を語ることができる。アストラル体の流れは、14歳以後に強くなる。それ以前に因果律、および因果律に結びついた悟性的判断を子どもにもたらすと、人生にとって本当に悪いことをすることになる。

【全集306巻】

Worte Rudolf Steiners zum Lehrplan

外国語

翻訳について（1）

外国語の授業を最も阻害しているのは、外国語を母国語に翻訳することであり、母国語を外国語に翻訳することである。

むしろ、たくさん読み、自分の考えをたくさん外国語で表現するべきである。
【全集294巻】

1～12学年

外国語においては、書くことを始めるのは、可能なかぎり遅くするのが重要である。

言語は社会的なものだから、斉唱は非常によい。みんなで語るのと1人で語るのとでは大きな違いがある。みんなで語ったあと、1人で語らせる。

9学年では、朗唱に価値を置く。子どもは言い回しの感覚を、朗唱をとおして受け取る。

7学年では、おのおのの子どもに本を持たせ、強制的にではなく、他の子どもたちのまえで読ませると、非常に有益だ。そうすることによって、子どもたちは共に読み、考える。

生徒は講読で学ぶものだ。暗記は補助手段にすぎない。1文1文、読みすすむ。小さな子どもの場合は、もっぱら話す。3学年で、簡単な考えを表現する短い文章を書きはじめる。

7学年で、フランス語はラ・フォンテーヌ『寓話』を読む。10学年では、近代文学から始めて古典文学に戻っていく。コルネーユ『ル・シッド』を読むことができるだろう。フランス古典詩を理解しはじめるようにしなくてはならない。のちにはモリエールの作品を読む。次から次へと急がないように。

7学年・8学年で、英語はディケンズ『クリスマス・キャロル』が読める。

8学年で、空想的にならないように取り扱うなら、ジュー

ル・ベルヌの作品を読むことに反対しない。

11学年のフランス語では、散文を読まねばならないだろう。テーヌの『現代フランスの起源』はどうだろう。『イタリア旅行』のような人生哲学的考察もある。

対話が大事である。教えるために話すだけでなく、できるだけ子どもに話させる。読んだものについて、子どもが自分で話す機会がなくてはならない。特に、高学年においてそうである。

分析したものをイメージにまとめるのはよいことだ。毎時間、子どもはイメージを体験すべきである。

フランス語と英語はよく補い合う。完全に補い合うのは、9歳と10歳のあいだである。それ以前はフランス語を少なくし、文法はのちに扱うとよい。英語の場合、11歳・12歳でも理論的なもの、文法・構文に注意するとよい。

外国語

動詞から始めるのが正しい。名詞から始めるのは正しくない方法だ。

10学年では2カ月半で読み切れる、短いものを選べるだろう。『モリエールの生涯』という、感じのよい本がある。10学年でマコーレーの文章を読むと、うまくいくだろう。扱い方しだいだ。この年齢の子どもは、ものごとの性格を述べることに慣れるべきである。

11学年・12学年でカーライルとエマーソンを読むのはよいだろう。ウォルター・スコットは個人で読むのを勧める。エマーソンとカーライルは教室で読む。伝記、たとえばルターの伝記は、15歳の生徒にとって有益だ。

1時間、文法に従事したら、子どもの健康状態全体を害することになりうる。胃腸病は、よく文法の授業から発生するのである。文法の本に載っているがらくたを、全部焼き捨て

るべきだ。いきいきとしたものが入ってこなくてはならない。言葉の精神が教師のなかに生きていなくてはならない。

11学年では叙情詩とエマーソン、12学年ではマッキンゼー『ヒューマニズム』を読む。

子どもが疲れるようなら、1学年・2学年は外国語をなくしてもよい。そもそも小さな子どもには、1日2時間の授業だけでもよい。

一般的に、子どもは1年生で外国語の授業を受け、3学年の終わりまで話すことを学ぶ。単語や言い回しを母国語に言い換えない。その言葉・言い回しを、翻訳せずに、直接事物に結び付ける。特に3学年の終わりまで、そうすべきだ。その時期には、文法というものが存在することに気づかせないようにする。もう少し長い作品に取り組むときは、子どもが詩をよく理解せずに、純粋に音として覚えるのでもよい。場合によっては、音で覚えたものを後になって理解できるのは、言語の習得にとって有益である。最初の3年は、散文よりも詩を選ぶ。

4学年で文法を始めるとよい。規則を学ぶのではなく、テキストに出てきた文章に即して具体的に理解する。帰納的に、文法の規則を理解するのである。その規則を、子どもは習得する。規則の習得は、9歳と10歳のあいだの個我の発達に関連する。子どもが文法の規則を論理的に習得することをとおして、個我の発達が促進される。

いまや、3学年の終わりまで控えてきた散文に移ることができる。文法の学習と教材の勉強を平行して行なう。そのために散文を取り上げる。しだいに翻訳へと移行できる。事物と外国語の関係ではなく、母国語と外国語のあいだに関係を探すのは、教師にとっては安易であるが、そうすると語感が

発展しない。「翻訳」は4学年で始めねばならない。

5学年で構文を学び、6学年で複雑な構文へと進む。一般に行なわれているような、母国語から外国語への翻訳はしない。短い論文などを書くべきだ。教師がなにかを語り、それを子どもに外国語で表現させるというかたちで翻訳を行なうべきだろう。母国語で語ったものを、子どもに外国語で語らせるのである。このような翻訳の授業は6学年終了まで行なうことができる。長い母国語を直接外国語に翻訳するのは避けるべきだ。ユーモアのある読みものを、たくさん読む。その際、外国語を話す人々の習俗・生活習慣・性格について話すべきだ。ユーモアのある方法で、5学年・6学年において地域研究・民俗学に取り組む。その言語独特の表現方法も、5学年から学ぶ。5学年から、外国語のことわざ・慣用句を取り上げる。母国語でことわざを使うときに、それに相応する外国語のことわざを学ぶのである。

7学年と8学年では、読み物と、文章における言語の性格を重点的に扱う。ここでも、その言語を話す人々の活動と生活に現われることがらを習得することが重要だ。それをテキストで練習し、読んだものを自分の言葉で語ることによって、外国語での表現能力を伸ばす。翻訳は、たまにしかしない。読んだものを自分の言葉で語らせる。叙情詩や叙事詩ではできないが、劇は自分の言葉で語り直すことができる。

8学年では、詩学と韻律法の残りを扱う。7学年・8学年で、その言語で書かれた文学作品について、ごくおおまかな文学史を学ぶべきだ。

ユーモアのある例文によって、9学年で文法を繰り返すことが必要である。1年間で文法全体を復習できる。それと平行して、この学年の生徒の興味をそそる読み物を取り上げる。

外国語

10学年で詩の韻律法を学び、11学年で戯曲を読みはじめねばならない。それと平行して散文を読み、言語美学を扱う。特に、戯曲を読むことによって詩学を深めるべきであり、12学年における叙情詩・叙事詩へと続けていく。それに加えて、現代外国文学について知る。4学年・5学年で文法の基礎を始めることができる。可能なかぎり、子どもが会話するようにする。

　母国語で事物を学んだあと、外国語でその事物を表現するのはよいことだ。文法の授業は9歳・10歳以前は行なわない。語学の授業は、初期の段階では純粋に言語に対する感性から展開させ、子どもは感情から話すことを学ぶ。大体9歳と10歳の間に、文法を始める。文法の学習は、個我の発達と関係する。

【全集300巻】

言語の習得

　人間の言語発達の秘密は、今日の自然科学の思考方法、今日の学問全体には、本質的に隠されている。子どもは乳歯を両親から遺伝をとおして獲得し、周囲の外的影響、模倣をとおして言語を獲得する。模倣原則は有機的原則になる。子どもは周囲から言語を学ぶ。

　子どもが4歳・5歳・6歳まで話す言語は、人間全体に関係する。乳歯が人間全体と関係するのと同様である。

　14歳・15歳以後、性的成熟に達したのち、人間の語るもの、語るときに人間のなかで活動するものが新たに習得される。ちょうど、歯を二度手に入れるのと同じだ。これは外的には、男子における声変わりに示され、女子においてはもっと内的ないとなみへと遡る。この力が男子においては喉で働くので、外的に示されるのである。この重要な学童期に人間全体のな

か、単に人体・心魂のなかではなく、心魂身体・身体心魂のなかで、幼児期に周囲から外的に身につけた言語を内的に習得していくのである。　　　　　　　　　　【全集301巻】

翻訳について（2）

主要授業のあと、午前中に任意の対象を学ぶ。なによりも現在、外国語が大きな役割を果たしている。外国語は本当に実際的に生活のなかでなじんでいくべきものなので、6歳・7歳で子どもが入学したときから学ぶ。

外国語の学習において、母国語による仲介は避ける。母国語を習得したときよりも、子どもは大きくなっている。外国語の授業は、母国語習得とはいくらか別様に行なう。年齢を考慮すると、そうしなくてはならない。

なにかを外国語で表現するとき、それを翻訳せずに、子どもは言葉を身につけなくてはならない。さしあたり、翻訳は完全に避けなくてはならない。子どもに言葉を教えるとき、たとえば Tisch あるいは Fenster という言葉を教えるとき、Tisch を「机」という母国語ではなく、実際の机に結び付ける。Fenster も「窓」という母国語ではなく、実際の窓に結び付ける。直接、事物・対象物に結び付けて外国語を教えるのである。子どもは最初に話すことを学び、のちに翻訳を学ぶ。翻訳は、時と場合によっては望ましいものであることが明らかになる。通常の文法の学習を避けると、子どもがいきいきとした感覚で言葉を受け取ることが可能になる。

【全集303巻】

9歳・10歳以前と以後

言語の学習に関して重要なのは、9歳から10歳のあいだの

時期を考慮することだ。文法や翻訳を扱う語学の授業は、どのような事情があろうとも、この年齢以前に始めてはならない。言語の知的な考察、つまり文法、文の構造などを扱ってはならない。この年齢以前の子どもは、習慣によって身につけたものを喋るべきである。子どもは習慣によって、言語を身につけなくてはならない。

子どもは自分を周囲と区別できるようになってから、自分が語る言葉を考察できるようになる。その時点で初めて、主語・形容詞・動詞などについて語ることができる。それ以前には、そのようなことを語ってはならない。それ以前は、ただ単に語るというありかたにとどめておくべきだ。

子どもが小学校に入学すると、ヴァルドルフ学校では母国語以外に、外国語を２つ学ぶことになっている。子どもが登校すると、まずエポック授業を朝の最初の時間に行ない、そのあと小さな子どもには、英語とフランス語の授業を行なう。

この言語の授業において、私たちは１つの言語と別の言語との関係をまったく考慮しないようにしている。９〜10歳以前には、「〈机〉はドイツ語で〈Tisch〉英語で〈table〉」「〈食べる〉はドイツ語で〈essen〉英語で〈eat〉」というふうな教え方はしない。ある国の言葉を別の国の言葉に結び付けず、その言葉が指す対象に結び付ける。子どもはテーブルクロス、ランプ、椅子などの事物そのものを、フランス語ではこう言い、英語ではこう言うというように、名付けることを学ぶのである。

７歳・８歳・９歳では翻訳、つまり１つの言葉を別の国の言葉に置き換えることには、なんの価値もない。子どもはただ外的な対象に拠って、その言語で話すのである。「英語では table と言い、ドイツ語では Tisch と言う」というようなこ

とを、子どもは知る必要も考える必要もない。私たちはそのようなことを子どもに教えない。言語の比較というようなことを、子どもに行なわせない。こうして、子どもは基礎から、それぞれの言語を学ぶ可能性を得る。言語発生の基となる感情の要素から学ぶ可能性を、子どもは得るのである。

　ヴァルドルフ学校ではフランス語と英語を教えている。フランス語においては他の言語では学びえないこと、つまり非常によい修辞学的な感情を内的に学ぶことができるからである。英語を教えるのは、英語が世界語であり、これからもますます世界語になっていくからだ。　　　　　【全集311巻】

外国語

Worte Rudolf Steiners zum Lehrplan

美術

形態と色彩

　子どもに読み書きを教えるとき、教師は最も物質的な領域で授業をする。算数を教えるときは、物質的でなくなる。音楽・線描などを子どもに教えるとき、教師は本来、心魂精神・精神心魂を教育しているのである。最も簡単な方法で、線描・絵画を始める。誤った手段によって意志を間違った方向にもたらすのではなく、芸術的な手段によって意志を正しく強化することが重要だ。そのために、最初から絵画的・芸術的・音楽的な教示を行なうべきである。

　第2人生期（7～14歳）の始めにおいては、子どもは芸術的なものをとおして権威者の教示を最も受け入れやすく、非常に多くのことが達成できる。「私たちは子どもを、いわば以前の文化期に連れ戻さねばならない」ということを、教師は授業中に意識していなくてはならない。しかし、以前の文化期のように振る舞うことはできない。まったく別の心魂・精神の気分をもって、子どもを以前の文化期へと連れ戻すのである。

　だから、「これを模写しなさい」と言うのではなく、原型的な形態を線描させることから始める。さまざまな角を描かせる。円・渦巻きを子どもに描かせる。形態を模写させるのではなく、形態自体への関心を目覚めさせるのだ。子どもが描いたものを見て、「これは自然だ。これは不自然だ」と言うと、子どもの心情を荒廃させる。「正しく模写されているかどうか」という判断は、まったく問題ではない。生徒は形態自体と合生しなければならないのである。鼻を描くときも、鼻の形と内的に合生し、そのあとで、鼻と似ていることが明らかになるようにしなくてはならない。

　7歳から14歳までの時期には、内的法則性への感覚は模倣

をとおしては決して目覚めない。7歳から14歳までに発展できるものは、それ以後にはもはや発展できない、ということを知る必要がある。

　音楽や線描・彫塑という手段を用いることによって、感受を知的なものへと高める。私たちは手で線描し、手で彫塑するのだが、この2つは完全に異なっている。子どもに彫塑を教えるときは、手で形をたどることに、可能なかぎり留意しなくてはならない。子どもは自分の形態を感じ、手を動かして何かを線描する。そして、目の動きとともに進む意志によって形態を追うことができるようになる。手で身体の形態を感じ取ったり、円を追う目の動きに注意させて「君は自分の目を円形に動かした」と言うと、子どもの素朴さを損なわない。そう言うとき、私たちは人間全体への関心を刺激しているのだ。だから、人間下部を上部すなわち神経・感覚へと高めることを、私たちは意識しなくてはならない。

美術

　できるだけ早く、子どもを色彩に親しませる。白い紙より、色のついた紙に他の色を塗るのがよいだろう。色彩世界を精神科学的に把握することによって生じる感受を、子どものなかに呼び出そうと試みる。

　色彩の生命・内面を、初歩的な方法で子どもに示唆できる。単なる線描には嘘がある、ということが分かるにちがいない。最も真実なものは、色彩から出てくる感受である。明暗から生じる感受は、すでにいくらか不正である。最も真実でないのは線描だ。線描は、自然のなかで死んでいる抽象的要素に近づく。「本質的に死んだものを線描している」と意識して、私たちは線描すべきなのである。色彩で描くときには、「死んだものから生命的なものを呼び出す」と意識する。こうして次第に、「自然の形態は色彩から発生する。だから、線描は

抽象的なものだ」ということが分かる。このようにして、成長しつつある子どものなかによい表象、よい感受を作り出すのである。それが子どもの心魂全体を活気づけ、外界と正しい関係を持たせる。

　手について、そして手で行なう仕事について子どもと話したあと、子どもに何か手の器用さを必要とすることをやらせる。場合によっては、すでに最初の時間に、そのようにできる。手で直線を引いて、「君もやってごらん」と言ってみる。できるだけゆっくりと、同じことを子どもにやらせる。子どもを１人１人、黒板のところに来させて直線を引かせると、長くかかりすぎる。

　白い紙を黒板に画鋲でとめて、小さな黄色の面を描く。そのあと子どもに、そのような黄色い面を描かせる。

　クレヨンと絵の具の練習をしばらく続ける。書き方を学ぶ前に、線描を行なうのがよい。書き方が線描から取り出されるのである。そして、書いたものを読み、やがて活字を読むようにしていく。
　　　　　　　　　　　　　　　　　　　　　【全集 294 巻】

6学年までの授業

　低学年で書き方の授業のために線描を行なったあと、6学年まで、線描から幾何学形態、円・三角形を取り出す。書き方の授業のために行なった線描から、複雑な形態を発展させていく。形態そのものを線描するのである。線描も絵画も、線描・絵画自体のために行なう。

　4学年で、線描と絵画の授業を導入する。線描をして、円とは何か、楕円とは何かを教える。そうして、粘土を使って立体形態に導き、形態観照・形態感受を育成する。低学年における線描の授業によって、子どもは丸い形、角ばった形な

どを感受する。書き方の授業に必要なものを、形態から発展させる。

　この基本的な線描の授業の始めには、何かを模写することは避ける。椅子や花などを子どもに模写させることを避け、丸いもの・尖ったもの・半円・楕円・直線など、線の形がおのずと現われるようにする。模写衝動が目覚めるまえに、形態感覚を目覚めさせるのである。このようにして育成された形態感覚を用いて、のちに模写を行なう。最初に角を描かせて、角を把握させる。つぎに椅子を示して、「ここに角がある。あそこにも角がある」と言う。子どものなかで、内的感覚をとおして形態が発生するまで、子どもに何かを模写させない。もっと後になってから、その形態を模写させるのである。

　書き方から線描・絵画・造形へと移っていく。6学年で、いかに技術が美と結び付くかを、子どもは把握しなくてはならない。椅子が機能的に目的に適っていると同時に、美しい形をしていることについて、子どもは概念を得るべきである。概念のなか、子どもの手のなかで、技術と美が結合すべきだ。

【全集295巻】

美術

色彩と明暗

　クレヨンよりも水彩絵の具で描きはじめるべきだ。

　子どもはモチーフの模倣に縛られてはならない。

　コンテで描かせるべきではない。大切なのは、子どものなかに色彩構築の内的感覚が目覚め、色彩の世界を体験することだ。子どもがメルヘン体験のなかで、色彩世界の生命を感じることが大事だ。ファンタジーが働くにまかせると、子どもは形態をつかむ。教師は色彩から形態を成長させねばならない。

教師は色彩世界のなかで子どもと語ることができる。コケティッシュな藤色があり、それを高慢な赤が追いかける。あるいは、画面全体が謙虚な青の色調を帯びている、ということを子どもに理解させる。具象的に行なうと、こうしたことが心魂の形成を促す。「青をとおして赤を眺めるとどうなるか」と言って、実際にやらせてみると、子どもは色彩のなかに生きる。そこに多くの生命を持ち込もうと試みる。

　色彩を、粗野で物憂げなものから抜け出させねばならない。火を中に投げ入れねばならない。いま、このような色彩感覚が発展することが必要だ。色彩の生命が発展すると、音楽に有効に作用する。線画は、幾何学を理解する必要があるときのみにする。大事なのは、明暗から作業することだ。

　私は日の出と日の入りを区別させたことがある。このようなこと、たとえば「森の雨の雰囲気」を、14歳・15歳の課題にできるだろう。画用紙を画板に張って固定してからでないと、絵の具で描かせない。そうしないと、ぞんざいになる。画用紙をゴムで固定することを学ばねばならない。そのように張った紙に、絵の具で描く。この準備に時間がかかっても、なんら害はない。

　デューラーの「メランコリア」を手本にして、フリーハンドで描く練習をする。この絵には明暗のあらゆるニュアンスがあり、それを色彩に転換することもできる。画用紙を張り付ける画板は、手仕事の授業で作ることができるだろう。普通のノートには描かせない。絵の具で描くには、画用紙を画板に張ることから始めねばならない。

　絵画の授業を2〜3年中断して、彫塑に変更しても害はない。絵画の授業は意識下に作用が残り、中断後、大いに熟練して絵画の授業に戻ることになる。能力に関するものは、す

べて、そうである。中断されると、まもなく大きな進歩が見られる。

　幼い子どもの場合、絵画は心魂から描くのが正しいのだが、年のいった子どもの場合は、純粋に絵画的な観点から出発しなくてはならない。降り注ぐ光がどのように絵画的に作用するか等を示さなくてはならない。すべて、実際的・絵画的に行なう。10歳から対象物を描かせると、子どもを駄目にする。

　子どもが大きくなるにしたがって、徐々に絵画的視点から出発するようにすべきだ。「あそこに太陽がある。日光が木に差している」と、明らかにすべきである。木から出発して描くのではなく、光の面と闇の面から出発しなくてはならない。色彩の明暗から、木が発生するのである。色彩は光から来る。抽象から出発して、「木は緑だ」と言って、葉を緑に描かせるのではない。そもそも、葉を描くべきではない。光の面を描くべきだ。そうすべきだし、そうできる。必要なら、13〜14歳の生徒に、デューラーの「メランコリア」を見せて、光と影がみごとに配置されていることを示す。窓の光、多面体と球における光の配分である。ついで、「書斎のヒエロニムス」を取り上げる。「メランコリア」から出発するのは非常に実り多い。白黒の画面を色彩ファンタジーに置き換えさせる。

【全集300巻】

美術

上下2つの力

　7歳で心魂は身体から解放されて、もはや身体のなかではなく、心魂自体として作用する。身体のなかで新たに発生した心魂の力は、7歳で活動を始める。この力は来世まで働きかける。

　身体各部から上方に発するものは押し返され、頭から下方

に向かう力はせき止められる。歯が生え変わる時期に、上から下に向かう力と、下から上に向かう力のあいだで激しい戦いが行なわれる。この2つの力の戦いを物質的に表現するのが、歯牙交代である。一方は、のちに悟性の力、知的な力として現われる。他方は、特に線描・絵画・書き方に用いられる力だ。線描から書き方を発展させるとき、私たちは上方に向かう力を用いる。

【全集 302 a 巻】

絵の具

　子どもは内的な彫塑家である。私たちはこの内的な彫塑の才能、そもそも才能全体を引き出すことができる。絵の具でさまざまに描かせることによって、色彩の世界の秘密に導入できる。そのような素質を、子どもは持っている。

　白い紙の上に絵の具を塗ることによって、子どもがどのように色に親しむか、非常に興味深いものだ。子どもは、白い平面に絵の具を塗っていく。そこに塗られる色彩のなかには、子どもの自然な素質をとおして、すでに内的な調和が存在している。子どもが紙の上に塗るのは無意味なものではなく、色彩の調和なのである。

　じかに絵の具を紙に塗るのは避けなくてはならない。そのような絵の具を使うのは、絵画芸術を害することになる。水その他の液体に絵の具を溶かし、絵皿に筆を浸して描くべきだ。色彩への内的で親密な関係を発展させねばならない。パレットからじかに絵の具を塗ると、色彩に親密な関係を持てない。絵皿のなかで溶かした絵の具で描くと、親密な関係を持てる。

　子どもに、「君は真ん中に赤を塗って、あとは、その赤に合うように描いた。君が行なったことは、すべて赤い面に合っ

ている。今度は、反対にしてみよう。さっき赤を塗った所に、青を塗ってみよう。真ん中に赤ではなく、青があるとき、ほかをどう描けばきれいか、やってみよう」と言うと、どうだろう。第1に、子どもはこのような練習によって、非常に励まされる。第2に、教師からの指導によって、子どもは他の色調・基調への置き換えを、苦心して達成する。このようなことを行なわせると、子どもは世界への内的な関係を豊かに獲得する。

【全集303巻】

色彩体験

　教師と子どもとの触れ合いが完全に芸術的な要素に浸っていることが、非常に重要だ。そうすることによって、瞬間瞬間に適切に、子どもの個体に関して行なうべきことを、教師は直観的・本能的に把握する。

　子どもは、まず色彩を体験する。最初に色彩を体験することによって、心魂的な体験をしているのである。色彩を体験する授業を進めていくと、子どもは本当にいきいきと世界を自分のなかに受け取る。子どもがまず「色彩の言葉」という、自分を表現する要素をとおして、単純な絵画を芸術的に体験することを学んだのちに、日々の無味乾燥の現実を追体験させる。そうすると、事物がまったく別様に子どものなかに生きる。

【全集305巻】

色彩遠近法

　子どもに教える個々のことがらは関連していなくてはならない。子ども自身の形成力から、クレヨンではなく、本当の絵の具で描かせる。そうすると、子どもが色彩とともに生きているのに気づく。しだいに、子どもにとって青は遠ざかる

美術

もの、色のなかに入っていくものになる。そのことは、私たち自身で感じることができる。黄と赤は、前に向かってくる。7歳・8歳の子どもも、判で押したような線画・図画で苦しめなければ、そのように色彩を感じる。現実にあるとおりに家や木を描かせると、子どもはそのように色彩を感じることができない。

「手を動かすところに色がついていく。色は生きつづけていく」という感情に子どもが従うにまかせると、子どもは心のなかに「色彩遠近法」という非常に意味深いものを体験する。赤みがかった黄色は自分に近づいてきて、青紫は遠ざかっていくという感情を子どもは持つ。こうして、「線遠近法」への準備ができていく。

前もって色彩遠近法を集中的に体験させられなかった子どもに、線遠近法を教えるのは恐ろしく有害である。色彩遠近法という内包的・質的な遠近法を前もって学ぶことなしに、量的遠近法を身に付けると、子どもは恐ろしく浅薄な人間になる。色彩遠近法のなかに集中的に生きるのを子どもに禁じると、子どもは正しいスピードで読むことができなくなる。できるかぎり早期に子どもが字を読めるようにすることが大切なのではない。子どもはこの色彩感受から柔軟な表象、柔軟な感受性、柔軟な意志活動を獲得する。心魂すべてが柔軟になる。

ここで話しているような絵画的スケッチ、スケッチ的絵画を経て文字の読み方を教えると、ふつうに読み方を教えるよりも多くの時間が必要になるかもしれない。しかし、この年齢においては、ぞんざいにざっと読み方を教えたり、逆に、あまりに形式ばった教え方をして、文字が子どものなかに亀裂を生じさせてはならない。本当に正しく子どもに読み方を

教えることが大切なのである。　　　　　　　　【全集 306 巻】

彫塑の意義

　ヴァルドルフ教育の原則に従って、幼年期から絵画・線描の授業を始める。彫塑も9歳・10歳から、単純な形で、できるだけ多く行なう。正しい方法で、正しい年齢に子どもを彫塑へと導くと、子どもの視力を活性化し、視力に心魂が吹き込まれる。多くの人々が、自分の周囲にある事物や出来事の最も重要な面を見ずに生きている。正しく世界のなかに立って正しく見ることを、まず学ばねばならない。

　正しく見ることを学ぶために、できるだけ早くから、見たものを頭・目から指・手の動きのなかへと導く。そうすると、子どもは身近かなところ、部屋の整頓などにおいて、趣味がよくなるだけではない。なによりも子どもは、世界から人間の心魂・心情のなかに入ってくるべきものを、正しく世界のなかで見るようになる。

　人間は鉱物を、原因と結果に従って把握できる。物質はそのように把握される。植物にいたると、すべてを論理・悟性・知性で把握するのはすでに不可能である。そこでは、彫塑的原則が人間のなかで活動しなければならない。概念・理念が形象的な形態のなかに移っていく。私たちが子どもに教える彫塑的な器用さが、植物の形態を把握する能力を子どもに与える。

　　　　　　　　　　　　　　　　　　　　　　【全集 307 巻】

色彩と形態・面と線

　内側が赤で、外側が緑のものを描く。そして子どもに、この赤のまわりの緑が調和的だと感じさせる。そして、「さあ、これを逆にしてみよう。見ててごらん。まず緑を塗ってみる

よ。君なら、まわりをどうする」と、訊いてみる。そうすると、子どもはまわりに赤を塗るだろう。このような練習によって、子どもは次第に色彩の調和を感じるようになる。「まんなかに赤を塗ったら、まわりは緑だ。まんなかが緑に変わったら、まわりは赤だ」ということを、子どもは学ぶ。色彩と形態の照応を子どもに感じさせることは、8歳ごろの子どもにとって非常に大きな意味がある。

　生まれてから7歳まで、エーテル体は第2の身体を形成するために、独自の活動をなしうるものすべてに関わる。エーテル体が肉体に対して用いるこの彫塑的な力は、乳歯が永久歯に生え変わる7歳のときに自由になり、解放される。そうして、この力は心魂的に活動することができる。だから、子どもは形態を彫塑的・絵画的に作り上げようとする衝動を持つ。エーテル体は、生まれてから7歳まで、肉体を彫塑し、描出してきた。いまやエーテル体は、肉体に関わらなくなる、少なくとも、それほど多く関わることがなくなるので、その活動を外に向けようとする。どのような形態が人体に現われるかをよく知り、子どもが彫塑的な素材から何を好んで作り、色を用いて何を好んで描くかを知るなら、教師は子どもをよく指導できる。教師は人体について、芸術的に観照しなくてはならない。

　芸術的に感じると、人間は現実に存在するものを白黒の明暗あるいは色彩で描くという感情を持つようになる。輪郭線はおのずと現われてくる。白黒の明暗の面と面が接するところ、色と色が接するところに輪郭線が現われる。だから、スケッチの授業はスケッチから出発するのではなく、水彩画・明暗画から出発しなくてはならない。スケッチは現実のものを表わさない、という意識をもって授業するときにのみ、授

業は価値を有する。

　スケッチを高く評価していることによって、私たちの思考方法全体のなかに大変な混乱が引き起こされている。光学では、光線があると考えられて、線が描かれる。現実には、光線はどこにも存在しない。現実に存在するのは像である。光線と呼ばれているのは、単に頭のなかで考え出されたものである。線で描かれたものは、すべて頭のなかで考え出されたものだ。

【全集311巻】

美術

Worte Rudolf Steiners zum Lehrplan

音楽

9歳以前・9歳以後

　9歳ごろまでの子どもは、長調や短調の気分の音楽を教えられても、長調・短調の気分を正しく把握できない。学校に入った子どもに、将来の準備として長調や短調の気分の音楽を教えることはできるが、子ども自身は長調の気分も短調の気分も有していない。

　子どもは、まだ本質的に「5度の気分」のなかに生きている。学校で3度を含む音楽を教えることはできるだろう。しかし、正しく子どもに接近したいなら、5度の音程からの音楽理解を促さなければならない。9歳以降は、長調・短調の気分の音楽、3度の理解に基づく音楽教育をすることは、子どもにとってよいことだ。

　9歳以降、大きな問題の1つは、長3度と短3度である。9歳・10歳のころに現われる、長3度・短3度への希求を、特に促進すべきだ。そして、12歳ごろにオクターブの理解を促進する必要がある。12歳ごろが、オクターブの理解に向かうのに適した年齢である。

　今日、音楽（歌や器楽ではなく音楽全体）の中心にあるのは、ハーモニーである。ハーモニーは、人間の感情を直接把握する。ハーモニーのなかに表現されるものは、人間の感情をとおして体験される。感情は人間の体験全体の中心にあるものだ。感情は一方では意志に伝わり、他方では表象のなかに伝わる。人間を考察すると、「人間の中心には感情がある」と言うことができる。一面では、感情は表象のなかに進み、他面では意志のなかに進む。

　ハーモニーは直接、感情に向けられる。ハーモニーは感情のなかで体験される。しかし、人間の感情の本質全体は本来二重のものである。私たちはより表象に傾いている感情と、

意志に傾いている感情を有している。たとえば、私たちの思考を感じることによって、感情は表象に傾く。私たちは自分が行為をなすに際して、その行為が気に入るか入らないかを感じる。なんらかの表象が気に入るか入らないかを感じるのと同様である。感情は中央にあって、2つの領域へと分解する。

音楽は独特なものを有している。つまり、秩序正しく表象のなかに上っていくことも、意志のなかにまったく沈むこともできない。表象によって、つまり脳によって把握された音楽は、音楽であることをやめる。また、抽象的なしるしなしに、音楽が直接、意志衝動になることは考えられない。正午の鐘が鳴るのを聞くと、その鐘の音が昼食の合図になっているので、仕事場から食堂に向かうのである。音楽が意志のための衝動と見なされることはないだろう。このことが、音楽が表象のなかに上昇することも、本来の意志のなかに下降することもできないということを示している。

音楽は、表象と意志の両側で止められる。音楽体験は、表象と意志のあいだに存在する領域のなかを進む。音楽体験は人間のなかの、日常の意志に属さず、精神世界から下ってきて受肉し、死をとおしてふたたび上昇していく部分のなかで進行しなければならない。

学校に入った子どもがハーモニーよりもメロディーのほうを容易に理解することが分かる。もちろん、些事に拘泥すべきではない。芸術においては、衒学的な態度があってはならない。子どもにいろいろなことを教えることはできる。しかし、低学年の子どもは5度のみを理解すべきだ。せいぜい4度までで、3度を内的に理解できはじめるのは9歳からである。子どもはメロディーという要素を容易に理解するが、ハ

音楽

ーモニーを理解しはじめるのは9歳・10歳になってからだ、と言うことができる。もちろん、子どもは楽音をすでに理解しているのだが、本来のハーモニーは9歳・10歳から教えることができるものなのである。

　リズムについて言えば、それはさまざまな形態をとる。子どもは内的なリズムを、幼いころから理解する。しかし、そのように本能的に体験されるリズムを度外視すれば、たとえば器楽のリズムなどは、9歳以降に教育されるべきものだ。9歳ごろになると、注意をリズムに向けるべきである。音楽においても、年齢に合ったことを教えるべきなのである。

【全集283巻】

音楽と美術

　音楽的要素は誕生以来、人間のなかに生きており、特に3歳・4歳のときに、踊りを好むという形で表現される。それは自らの意志の要素であり、自らのなかに生命を担っている。奇妙に聞こえるが、「子どものなかに生きる意志の要素は、あまりにも強い生命、意識を失わせるほどの生命を内に担っている。意識を圧倒する生命を内に担っている」というのは本当である。

　子どもの発育は、強い音楽性をとおして容易に麻痺状態に陥る。だから、「音楽を用いるなら、人間の本性から湧き出るディオニュソス的なものをアポロン的なものによって絶えず調和させねばならない」と、言わねばならない。人間を押し殺すものは、彫塑・造形によって活性化されなければならない。他方、子どもをあまりにも強く刺激しないために、音楽のなかで最高度に生き生きするものを鈍くする必要がある。このように感じながら、私たちは子どもに音楽を教えるべき

だ。

　非音楽的な子どもを音楽から遠ざけ、音楽的な才能のある子どもだけに音楽教育を施すのは、まったく誤っている。音楽的でない子どもも、音楽が行なわれるところにいなくてはならない。演奏はしだいに本当に音楽的な子どもにだけ行なわせる、というのは確かに正しい。しかし、音楽的でない子どももその場に同席して、感受性を発展させるべきである。音楽的でない子どもにも音楽的才能の名残りは存在しており、ただ非常に深くに存在しているだけなのだ。その才能は、愛に満ちた対処をとおしてのみ表面にもたらすことができる。

【全集294巻】

1〜8学年

　音楽も、1学年においては可能なかぎり簡単な、初歩的なものから出発して、3学年ごろから複雑なものに移っていくということを重視しなくてはならない。特に楽器、そして歌唱でも、子どもはしだいに能力を伸ばしていく。

　1学年・2学年・3学年は、おもに簡単な音楽を行なう。簡単な音楽を用いて、子どもの音声と音感を育成する。音声・楽音の正しい形成と、正しい聴音に子どもがいたるのに適した音楽の授業をする。

　ついで、4学年・5学年・6学年で音符の説明をする。これらの学年では、音階の包括的練習ができる。特に5学年・6学年では、調を扱える。ニ長調などである。短調はできるかぎり待ったほうがいいのだが、すでにこの時期に子どもに教えることができる。低学年のうちは、子どもが中心である。子どもが音楽を聴き、歌を学ぶのに適するように、すべてが調整されるべきだ。しかし、入学後3年間そのようにされた

のちは、音楽の芸術的要求・美的側面に子どもが順応すべきである。

7学年・8学年では、子どもが「仕込まれている」という感情を持たず、楽しいから自己目的として音楽をやるという感情を持つように配慮する。この2年間に、音楽的な判断力を形成できる。音楽作品がどのような性格を持っているか、ベートーヴェンの作品、ブラームスの作品がどのような性格を持っているかに注意させることができる。簡単な形で、子どもの音楽的判断力を育成する。

線描と絵画において、有用性という形から自由な芸術的形態へと移行・発展するとき、つまり3学年と4学年のあいだに、音楽においても移行がなされる。最初は子どもの生理学に合うように活動し、ついで子どもが音楽芸術に順応するようにしなくてはならない。

【全集295巻】

1〜12学年

5〜8年生と1〜4年生が、たとえば日曜日に一緒に合唱することができる。

音楽の授業には、広い音楽室と優良な楽器が必要である。粗悪な楽器を用いると、音感が損なわれる。長調・短調・音色は9学年の課題である。長調・短調を、理論的にも感受的にも育成するように努める。この年齢で、そのように授業をすることによって、男声・女声に関する今日のセクシーな感受に対抗できるだろう。楽器を習得するのは、かけがえのないことだ。

2部合唱は5学年になってから始めることができる。10歳までは単声斉唱にとどめる。合唱だけでなく、ソロで歌うことを怠らない。

10学年では器楽を続ける。10学年で対位法を示唆して、ハーモニーを教える。強制してはいけない。

11学年では独唱。美的感覚を養う。

様式の感覚・意識化が12学年の主要事である。

7拍子・5拍子は、15歳・16歳以下の子ども向けではない。15歳以下の子どもに行なうと、音感が損なわれる。4拍子までで十分だ。音感はできるだけ長く透明にとどめて、リズムの差異を体験させる。7拍子にすると、子どもは見通せない。

子どもが指揮をして、活動的に参加するのは、教育的にすばらしいことだ。みんなが順番に当てられねばならない。9歳と10歳のあいだの時期から指揮を始めることができる。この時点で大事なのは、個人がグループと関係することだ。

【全集300巻】

音楽

歌

歌の練習、音楽的な耳の形成には、なによりも、子どもが正しく聴くことが前提である。そうすると、正しい聴取に合った模倣衝動が、子どものなかに目覚める。

最良の方法は、教師が愛をもって歌って聴かせ、生徒の間違えたところを直すことだ。そのように生徒に、先生の歌を模倣しようという自然な要求を発展させ、間違ったところを直す。そうすると、歌を唄う子どもは、本能的に器官を調節するにちがいない。

学校からは、人工的な方法がすべてなくならねばならない。教師から生徒への、自然に即した関係がなくてはならない。実際、子どもが愛情に満ちて先生に献身することが、人工的な方法に取って代わらねばならない。「歌のおばさん」「歌のおじさん」がやってきて、自分独自の方法で教えると、最悪

の命取りになる。学校には精神が躍動すべきだ。授業・学校生活に取り組んでいるなかから、その精神は現われてくる。外的な方法で、その精神を子どもにもたらそうとしても駄目だ。

【全集301巻】

歌唱と演奏

　人間全体を考察すると、非常に複雑な構成体であることが分かる。オイリュトミーをしている子どもを取り上げよう。

　物質的身体が運動している。物質的身体の動きがエーテル体に移る。アストラル体と個我は最初は抗う。そして、ある方法で、物質的身体とエーテル体の活動が、アストラル体と個我に刻印される。アストラル体と個我は睡眠中に身体から出ていき、刻印されたものを、まったく別の精神的な力に結び付ける。朝、それをアストラル体と個我は物質的身体とエーテル体のなかに戻す。そうして、入眠と目覚めとのあいだに精神から受け取ったものと、物質的身体とエーテル体がオイリュトミーにおいて体験したものとのあいだに、独特の調和が生じる。入眠と目覚めとのあいだになされた精神的体験が、前日に準備され体験されたものと調和するのである。

　このように個我とアストラル体が物質的身体とエーテル体のなかに入ったとき、オイリュトミーのなかに存在する特別に健康な力の作用が示される。事実、このような方法でオイリュトミーを行なうと、翌日の目覚めにおいて精神的な実体が人間のなかに入り込む。

　歌唱においても同様である。子どもが歌を練習するときに、活動を展開するのはエーテル体である。アストラル体はエーテル体に順応しなくてはならない。最初アストラル体は抗うが、エーテル体の活動を精神界に運んでいく。朝、アストラ

ル体は戻ってきて、健康に作用する力が発揮される。

「オイリュトミーでは、本当に子どもの身体を健康にする力が示される。歌唱では、人間の運動器官に作用する力が示される。そうして、動きをとおして物質的身体の健康に作用が及ぶ」と言うことができる。

想像力の乏しい子ども、つまり表象するのが困難な子どもには、楽器で音楽性を育成する。他方、空想が豊かで、自分の表象に圧倒される子どもには歌わせる。子どもたちが演奏と歌唱を同時に行なえれば理想的であろう。

音楽を聴くことと、音楽を奏でることが相互に作用すれば、非常に調和的に作用する。クラスの半分が歌い、残りの半分が聴く。これを交替に行なえば、非常に有意義である。音楽を聴くと、頭から人体への作用に、治癒的・健康的な働きかけがなされる。自分で歌うと、身体から頭への作用に、治癒的に働きかける。　　　　　　　　　　　　　　【全集302巻】

天球の音楽と内的な音楽

音楽的な力は外界、人間外の世界から受け取られる。それは自然の観察、自然のなかの経過の観察、特に自然の規則性・不規則性を観察することから受け取られる。自然のなかで経過するものすべてをとおして、不思議な音楽が響く。天球の音楽が地上に投影されているのだ。どの植物、どの動物のなかにも、天球の音楽が入り込んでいる。

人体に関しても、そうである。しかし、人間の言語のなかには、その音楽はもはや生きていない。つまり、心魂の表明のなかには生きていないが、身体の形態のなかには生きている。このすべてを、子どもは無意識に受け取る。そのために、子どもは高度に音楽的なのである。そのすべてを、子どもは

人体のなかに受け取る。

　子どもが運動形態・線・彫塑に体験するものは内部・頭から来る。それに対して音・言語において子どもが受け取るものは外から来る。外から来るものに、14歳ごろ、しだいに内から発展する音楽的・言語的な精神的要素が対抗する。それは女性では全身、男性では喉のあたりに集中して声変わりを引き起こす。内から発する意志の要素が、外から来る意志の要素に対して戦うのである。

　この戦いのなかで、声変わりと、性的成熟に際して現われるものが生じる。これは内的な音楽的・言語的な力と、外的な音楽的・言語的な力との戦いである。　　【全集 302 a 巻】

リズム・拍子

　幼児はまったく無意識に、1個の感覚器官である。周囲の人々に知覚するものを、内的に模写する。この内的な像は単なるイメージではなく、力でもある。この力が子どもを、素材的・彫塑的に組織する。

　永久歯が生えると、この模像は、もっぱら運動組織・律動組織のなかに入っていこうとする。もちろん、彫塑的な形成物は残るが、以前にはわずかしか存在していなかったものが、そこに加わる。これが、永久歯が生えるまえと生えたあとで、リズム・拍子へのふるまい方が変化する理由である。

　以前はリズムと拍子が、子どもが模倣するもの、彫塑へと置き換えられていた。のちには、それは内的に音楽的な要素に変化する。9歳が終わって12歳まで、子どもはリズム・拍子・メロディーそのものを理解する。子どもはもはや、リズム・拍子をそんなに強く内面で模写しようとはしない。子どもはリズム・拍子を形成物、自分の外にあるものとして把握

する。以前、子どもはリズム・拍子を体験していた。やがて、子どもはリズム・拍子を理解・把握できるようになっていく。

　12歳ごろまで、音楽だけでなく、世界で出会うものすべてに関して、そうなる。12歳ごろ、あるいは、もう少し早く、以前はファンタジー的に、音楽的・リズム的・拍子的に体験されていたものを、思考的なものへと移行させる能力が発揮されはじめる。心魂的なものすべてに、外的・物質的な身体が共同しているのが明視できる。子どもの筋肉・骨が、自分の中にあるものを模造しようとする。

　12歳ごろ、子どもはもはや単にリズムと拍子を生きようとはせず、リズムと拍子の感覚を抽象的な思考のなかに出ていかせようとする。この時期に、しだいに筋肉・腱がますます強くなっていく。以前は、動きのすべてが筋肉に向けられていた。のちには、腱へと伸びていくものに動きが向けられる。

　心魂・精神のなかで生起するものはすべて、身体・物質のなかにも見出される。腱の働き、骨と筋肉の結び付きは、単に感情的なリズム・拍子の要素から、もはやリズム・拍子のない論理的なものへの突進を、物質的に表現するものである。教育技芸・授業技芸は、人間認識をとおして獲得されるものに応じなくてはならない。

【全集303巻】

9～10歳

　乳歯が永久歯に生え変わると、子どもの力すべてが内的に彫塑的な具象的造形に向かう。私たちは形象によって子どもに教えることをとおして、その具体性を支える。9歳から10歳のあいだに、注目すべきものが現われる。子どもは以前よりもずっと音楽的に、リズムに包まれようとする。

　9歳から10歳のあいだの時期を観察してみよう。いかに

子どものなかに音楽が彫塑的に生き、いかに身体を内的に作り上げ、いかに音楽が子どもにおいて容易に踊り・動きへと移行するかを観察すると、音楽は9歳から10歳のあいだに初めて内的に把握されることが認識される。

　もちろん厳密な区別はなく、このことを見通す者は、9歳以前にも正しい方法で音楽的なものを育成することだろう。そうしないで、9歳から10歳のあいだに突然音楽的な要素がもたらされると、子どもはショックを感じる。子どもは、そのように強力な方法で音楽に内的につかまれるのに、まったく慣れていないのだ。【全集306巻】

器楽

　音楽の授業を、歌から次第に器楽へと導くことをとおして、子どもの意志の要素を世界のなかに据えるようにする。子どもは音楽の授業によって芸術的に形成されるだけではない。音楽の授業をとおして、子どもの人間性が意志と心情の面において特別に促進されるのである。

　歌から始めることは必要だが、可能なかぎり早く器楽へと移行して、純粋に音楽的なもの、リズム・拍子・メロディーを、模写的な描写音楽から解放する。このようにして、子どもを適切に芸術に親しませる。芸術をとおして遊びから生活へと移行させることによって、特に11歳から12歳のあいだに正しい方法で、子どもに芸術理解のための授業を行なえる。

　悟性をとおして把握される抽象的な自然法則によって自然が整頓されていることを知るべき年齢、物理学では原因と結果がどう関連しているかを知るべき年齢において、それと均衡をとるものとして、芸術を理解させるべきである。歴史上のさまざまな時期に芸術がどのように発展し、それぞれの時

代に芸術のモチーフがどんな影響を与えたかを理解させる。そうすると、道徳教育にとって必要なものも、正しい方法で発展する。

【全集307巻】

音楽と人間形態

　人間は音楽的なものを体験する。人間の形態は音楽的なものから形成されている。音楽の教師は子どもに歌を教えるとき、「歌が解き放たれる」ということを理解しなくてはならない。それ以前にアストラル体は、いわば歌うことによって人間の形態を生み出した。歯牙交代と性的成熟のあいだにアストラル体は解き放たれ、音楽からほとばしりでるものが独自に人間を形成する。

　そのように解明されるものが、ものごとをよく理解している音楽教師によって自明のこととして歌の授業のなかに入れられ、ついで器楽の授業のなかに入れられる。だから、子どもに素質があれば、できるだけ早く、歌唱だけでなく、楽器を扱わせる。そうすることによって、自らの形態のなかに生きる音楽が解放されたとき、その音楽を本当に把握できるようになる。

【全集310巻】

人体と楽器

　私たちの神経は、本当に琴のような楽器である。頭のなかへと響きを発する内的な楽器である。乳歯が永久歯に生え変わりはじめると、アストラル体は呼吸とともに、個々の神経組織をバイオリンの弦のように用いる。乳歯が永久歯に生え変わるまえに、すでにそのようなことが生じることがあるが、そのときアストラル体はまだ緩んでいる。

　子どもは歌うとき1個の楽器なのだ、という感情を教師は

持たなくてはならない。「どの子どもも1個の楽器であって、音を内的に心地よく感じている」という、明確な感情をもって授業しなくてはならない。音は呼吸の独特の循環をとおして生じる。これは内的な音楽である。子どもは7歳まで、すべてを模倣をとおして学ぶ。いまや子どもがメロディー、リズムによって得られるよい気分にしたがって歌を習うように試みなければならない。

　子どものなかには「音の内的経過の幸福感」が高次の段階で存在している。私たちは外にあるバイオリンの音を聴くだけだ。もしバイオリンが、どのように弦が震えるかを感受できたら、バイオリンは至福を体験するだろう。そのように、子どもにこの小さな至福を体験させねばならない。音楽感情を全身に呼び出し、そのことに子ども自身が喜びを持つようにしなくてはならない。

　歯牙交代から性的成熟のあいだの現実の過程が、この芸術的な要素を必要とする。入学当初から子どもに音楽の授業を行ない、理論なしに短い歌を唄うことにできるだけ慣れさせる必要がある。そして、しだいにメロディー、リズム、拍子を身につけるように進めていく。まず全身で簡単な歌を唄うことに慣れさせ、簡単な演奏をさせると、うまくいく。

　まったく素質がないという場合以外は、入学後すぐに、なんらかの楽器を演奏させる。自分自身の音楽的本質が客観的な楽器のなかに流れていくというのはどういうことかを、可能なかぎり早く子どもに感じさせるようにする。そのためには、一種の記憶の楽器であるピアノは、子どもが用いるには最悪の楽器である。できれば、吹いて演奏する楽器がよい。

　子どもが楽器を吹きはじめたときに、全然うまくいかないという経験をすることもありうる。しかし、別の面から見れ

ば、それもすばらしい体験なのだ。周囲に漂っている空気を内的に神経組織に沿って保ち、継続し、内に導いていかなくてはならないのは、すばらしい体験だ。ふだんは人体のなかにのみ存在する過程が、外界へと移行していくのである。バイオリンの演奏を学ぶときも同様だ。バイオリンのなかに生きる音楽過程が、直接伝わっていく。弦の上の弓をとおして音楽が自分のなかにどのように移行するかを、子どもは感じる。

【全集311巻】

音楽

Worte Rudolf Steiners zum Lehrplan

芸術史

8〜12学年

10学年で、工作の授業を本当に芸術的なものへと導かねばならない。

14〜16歳の子どもに例を示して、美の概念、芸術の概念、時代ごとの様式をとおしての美の変容、ギリシアの美、ルネサンスの美を教えようと試みる。通常なら抽象的なかたちで教えられるものを具体的に体験することが、この年齢の子どもには特別の意味を持つ。この時期の子どもの心情は、一般的な概念をまだ受け取らない。だから、この年齢で「朗唱（デクラマツィオーン）とは何か。叙唱（レチタティーヴォ）とは何か」というようなことを手ほどきしなくてはならない。

8学年で、アルブレヒト・デューラーのモチーフを取り上げる。音楽でもそれに類縁のもの、たとえばバッハを取り上げる。

11学年の生徒に、文化史全体との関連において芸術を教えることが可能だ。「今日のような音楽は、なぜ比較的遅くに発生したのか。ギリシアでは音楽は何と呼ばれていたのか」等のことに注意させる。なぜ、風景画はある一定の時代に始まったのだろうか。芸術と宗教を、芸術的な観点から見る。

11学年の美学・芸術の授業で、詩学・韻律法・文体を考察する。その際、文体にとどまらずに、他の芸術、音楽・彫塑における様式まで扱える。

レンブラントは明暗の問題をもっぱら明暗そのものとして把握しているのに対し、デューラーは明暗をできるだけ多くの対象で示そうとしている。「メランコリア」のなかの多くの事物は、属性として把握されるべきものではない。デューラーは、あらゆるものを描こうとしたのである。デューラーの場合、「さまざまな対象物に反射されることによって、光はど

う見えるか」が問題である。レンブラントの場合は、明暗の共同が問題である。9学年の授業において、明暗を質的に受け取っているレンブラントを、南方の芸術と対照させることができる。レンブラントは明暗の問題を質的に受け取っており、空間はその問題を絵画的に解決する場にすぎない。それとは対照的に、彫塑は完全に空間の問題である。

こうして、彫塑に移ることができる。後期フランス古典主義の彫塑を例にあげると最良だろう。ロココにおいて、レンブラントと対照的なものが見られる。ロココでは、彫塑における明暗がレンブラントとはまったく異なって作用しているのを示すことができる。ロココはバロックよりも評価が低いだろうが、芸術の発展においては重要だということを示唆しなくてはならない。

11学年では、ベートーヴェンとシラーの関係を中心に据えることが特に重要だ。この年齢の子どもは、その関係を最も深く感受するだろう。ついで、楽劇『パルジファル』について述べるべきことは、シラーの劇『メッシーナの花嫁』における合唱を中心にすると、うまくいく。

9学年で、芸術の授業を歴史・文学史の授業と調和させるのはよいことだ。ついで10学年に移り、ゲーテの叙情詩と文体を取り上げる。10学年で子どもに、詩の形式に対する感受性を育成できる。11学年で、音楽と詩のまとめをする。

ゲーテの作品は絵画的な印象に帰し、ロマン主義の作品は音楽的印象に帰す。12学年で、この関連に取り組む。また、文学・芸術史・歴史を、精神的な内容として語るだけではなく、それらを精神的に取り扱うよう試みなければならない。

9学年で絵画と彫塑の個々の領域、10学年でドイツ古典主義の詩を扱い、11学年では詩と音楽を合流させる。12学年の

芸術史

生徒が建築芸術の基礎を知らないなら、それは醜聞である。建築を学ぶべきだ。12学年で建築と建築技術について語ったら、それに結び付けて建築様式を語ることができる。

　ヘーゲルの美学における、象徴主義芸術・古典主義芸術・ロマン主義芸術という分類が非常に重要である。象徴主義芸術は最も古く、啓示の芸術である。古典主義芸術は外的な形態におもむき、ロマン主義芸術はそれをふたたび深める。これらの段階は、どの民族においても指摘できる。ヘーゲルの美学は個々の点まで興味深く、本当に美学の古典だ。12学年用である。象徴主義芸術の基本的性格はエジプト芸術のなかにあり、そこでは古典主義芸術・ロマン主義芸術は未発展である。ギリシア芸術において、古典主義が形成された。ヘーゲルが言うように、近代は古典主義芸術とロマン主義芸術だ。現代の芸術は本来、ロマン主義芸術だ。

　エジプト芸術は象徴主義的、ギリシア芸術は古典主義的、その後の芸術はロマン主義的である。建築は象徴主義芸術、彫塑は古典主義芸術、絵画・音楽・詩はロマン主義芸術だ。美学と芸術の授業で、建築を扱う。家がどのように組み立てられるか、建築の基礎を12年生が本格的に理解できるようにする。

【全集300巻】

9学年

　因果関係を子どもに教えるとき、理科の無機的な性格と均衡をとるために、芸術の授業が必要である。9学年で、子どもを芸術に取り組ませることができる。授業を芸術的に行なうだけでなく、芸術が授業のなかで正しい役割を演じる必要がある。

　彫塑・絵画への配慮は、絵から文字を取り出したことによ

ってなされた。悟性をとおして把握される抽象的な自然法則によって自然が整えられている、ということを理解しなければならない年齢において、それと平衡をとるために芸術を理解するべきだ。個々の芸術が人類の歴史のさまざまな時期にいかに発展したか、いかにさまざまな芸術モチーフが時代に影響を与えたかを理解させる。　　　　　　　【全集307巻】

芸術史

Worte Rudolf Steiners zum Lehrplan

体育・オイリュトミー

身体の快適さ

　精神科学は教育の精神的な部分だけでなく、物質的な部分のためにも正しい基盤を提供する。幼年期には、愛と喜びが周囲に浸透していなくてはならない。同様に、生成中のエーテル体は身体運動によって、成長の感覚、自分の内に上昇する力を本当に体験しなければならない。体操は若者の内面に、「私は成長する力を自分のなかに感じる」という感情を引き起こすものでなくてはならない。この感情が内面で健康な快さ・心地よさにならねばならない。

　このような意味で、体育には解剖学・生理学以上のものが含まれている。人体の姿勢・動作と快感・快適さが協同していることを、直観的に感受・認識する必要がある。そのような練習をする者は、手足の動き・位置がいかに愉快で気持ちよい力の感覚を作り出すか、自分のなかで体験できる。力が使い果たされる、という体験とは異なる。このような方向で体操・身体運動を行なうためには、精神科学、なによりも精神科学から得られる志操が教師に必要だ。　【全集34巻】

体操とオイリュトミー

　手足が動いているとき、頭はその動きを静めている。胸部は中間にある。胸部は外界の動きを、頭が静めているものに結び付ける。人間が意図するのは、外界の動きを四肢をとおして模倣・受容することだ。私たちは何をするだろうか。私たちは踊るのである。

　実際、人間は踊っている。その断片が舞踏・舞踊だ。あらゆる踊りは、惑星・天体の動き、地球の動きを人間の四肢で模倣することから発した。私たちが宇宙の動きを踊りによって模倣しているとき、頭と胸はどうしているのだろう。

私たちが世界のなかで行なう動きが、頭と胸のなかで堰き止められる。動きは胸をとおして頭に継続していくことはできない。頭は肩の上で安らぎ、動きを心魂のなかに継続させない。頭が肩の上で安らいでいるので、心魂は静かに動きに関与する。心魂は何を行なうのか。心魂は四肢の踊りを反射しはじめるのである。手足が不規則な動きをすると、心魂は不平を言いはじめる。手足が規則的な動きをすると、心魂は囁きはじめる。手足が調和的・宇宙的な動きをすると、心魂は歌いはじめる。外に向かう踊りの動きは、内に向かう歌と音楽に変わる。

　人間は身体の要求のままに活動するとき、無意味に活動している。単に自分の身体ではなく、周囲の要求に合った活動をするとき、意味のある活動をしている。私たちは一方では、子どもの身体活動をもっぱら身体的なものに導いていくことができる。つまり、生理学的な体操へと導いていくことができる。体操では、私たちは身体に、「どのような動きを行なわせるべきか」と問う。そして、私たちは子どもの外的な動きを、意味のある動きへと導くことができる。

体育・オイリュトミー

　子どもは精神のなかで跳ねまわるのではなく、精神の方向に従う。そうすると、身体の動きはオイリュトミーへと発展する。単に身体的に体操させると、過剰な嗜眠、過剰な脂肪性肥満を引き起こす。人間はリズムのなかに生きねばならないので、身体的なものを疎かにすべきではない。しかし、身体の方に揺れた分だけ、オイリュトミーのような意味ある動きに戻す必要がある。オイリュトミーにおいては、個々の動きが音声を表現し、意味を持っている。体操とオイリュトミーを交互に行なうと、眠りと目覚めのあいだに調和がもたらされる。意志の側、外側から、子どもの生活が正常に保たれ

【全集293巻】

身体の生理学と心魂の衛生学

　自分の身体を音楽的リズムに合わせ、世界と音楽的に関連するように、人間は生まれてくる。たいてい、3歳と4歳のあいだに、この内的な音楽能力が存在する。両親がこのことに気づいて、その能力を外的な音楽ではなく、その子自身の身体、踊りに結び付ければ、非常に多くのことを達成できるだろう。この年齢の子どもの身体が初歩的なオイリュトミーに浸透されると、非常に多くのことを達成できるだろう。子どもは、手足のなかにある重さを克服するだろう。

　動詞を聞くとき、人間は常に一緒に行為している。精神は共に行為しながらも、活動を抑制しているのである。オイリュトミーにおいて、この活動は外に現われる。オイリュトミーは聴取も表現する。だれかが語り、別の人が聞く。その人は音声のなかに物質的に生きるものを、個我のなかで共に行為しながらも、抑制する。個我は常にオイリュトミーを行なっている。オイリュトミーをする身体は、聴く音・声を目に見えるようにしているのだ。私たちは聴取するとき、いつもオイリュトミーをしている。実際にオイリュトミーをするとき、聴取においては不可視のものを目に見えるようにしているのだ。言葉を聞いている人間の活動を開示するのが、オイリュトミーなのである。

　人間はオイリュトミーをとおして、正しく聞くことを学ぶ。心魂はふたたび健全にされねばならない。だから、物質的・衛生的な体育の授業、特に身体活動の生理学だけを考慮した体育に、心魂の衛生学が付け加わることが重要だ。体操の時間とオイリュトミーの時間が交互にあることが重要だ。オイ

リュトミーは第1に芸術的なものであるが、オイリュトミーの衛生学的要素が生徒にとって特別有益である。オイリュトミーにおいて人々は、芸術的なものだけを学ぶのではない。体操において身体のために学ぶのと同じものを、オイリュトミーをとおして心魂のために学ぶのである。この2つは見事に作用しあう。
【全集294巻】

1～8学年のオイリュトミー

ありがたいことに、公教育において1学年から3学年まで、体育の授業がない。私たちはオイリュトミーから始める。1学年で、オイリュトミーを音楽と調和させて行なうとよい。事実、オイリュトミーにおいて幾何学と音楽への順応が特に育成される。2学年のオイリュトミーで、字母の動きを始める。それを3学年でも続け、音楽と幾何学と線描に結び付ける。4学年・5学年・6学年で、具象的な形態、抽象的な形態(フォルム)を動く。子どもは文法を学んでいるので、そのようなことが可能だ。7学年・8学年では、もっと複雑な形態を動く。
【全集295巻】

遊戯と体操・呼吸と血液プロセス

カリキュラム・通知表には「体操とオイリュトミー」とすると、とてもよいだろう。心理的なものであるオイリュトミーのかたわら、生理学的な体操をするのだ。

1～3年生には体育の時間は不要だ。1学年・2学年は、オイリュトミーで十分である。しかし、その後は体育の時間が必要だ。子どもが最初にオイリュトミーをして、それから体操をすると、とてもいいだろう。オイリュトミーを1時間、それに続いて30分間体操だ。

最初の8年間を終えたあと、9学年で今までのオイリュトミーを継続し、文法の要素を加える。

　10年生はオイリュトミーの授業で、意味のあるアンサンブルを目指す。10年生の男女にはアンサンブル形式が可能だ。いろんなものをやってみるよりも、3つか4つの作品を1年かけて完成させるほうがよい。

　オイリュトミーが他の授業と調和するのはよいことだ。11学年において、美学で詩の様式を考察するとき、同時にオイリュトミーをすると、助けになる。どの詩が特にオイリュトミーに適しているかを見出すことができるし、その詩のなかに精巧な様式があることが分かる。オイリュトミーのフォルムは様式に適合するので、どの詩かによって動きはまったく異なる。

　体育の授業では、一般に行なわれているようには細かいことに拘らず、身体を形成する力を作ることが肝要だ。オイリュトミーと平行して行なうと、体育は特に少年たちにとってよいものだ。

　体育の授業は、できるかぎり午後に行なう。体育の授業はレクリエーションのようなものではない。体育の授業を他の授業のあいだに組み入れるのはよくない。2クラス合同で体育の授業をすることもできる。

　早朝に体育の授業をすると、子どもたちは疲れた状態で朝の主要授業を受けることになる。

　1年生・2年生には、本来の体操は早すぎる。体操の代わりに、体系的に遊戯を行なうべきだ。体系的な遊戯を、すみやかに導入しなければならない。3学年で、遊戯から体操に移行できる。子どもたちは正しい動きをしなくてはならない。ある学年に達してからは、体育の授業で身体能力を意識的に

高める練習を行なう。低学年の生徒は、むしろ女性教諭と遊戯をする。体育の教師は、生徒と遊戯をすることによって、権威を損なうべきではない。体育の教師は、体育の授業が始まる学年で生徒の前に登場すべきである。子どもたちが、「遊びの先生が体操を教える」と感じないようにするのだ。1学年・2学年の遊戯の女性教諭は、体育を担当しない。ここで遊戯と言っているのは運動遊戯のことである。

　体育とオイリュトミーは衝突しない。体操の練習は一般的に、オイリュトミーの練習の続きに見える。オイリュトミーにおける腕の動きと、体操の腕の動きを取り上げてみよう。そうすると、オイリュトミーで行なわれる動きが、体操におけるよりも身体の中心に位置していることに気づく。オイリュトミーにおいて腕・脚・指・足指の動きは、空気が血液中に移行するに際して生じる内的プロセス・呼吸プロセスと直接接触する。それに対して、人体内で血液が筋肉のなかに移行していくことが体操の基盤になる。

　オイリュトミーは人体の彫塑的形姿のなかに生きる。体操は人体の静力学・動力学のなかに生きる。体操においては空間が感じられるのである。体操の教師が彫塑家のように造形美術品のまえに立つ、と言うのは正しくない。それはオイリュトミー教師に通用することだ。体操の教師は現実の歪んだ人間を、線・形・運動形態からなる理想的な人間へと作り上げるという課題を持っている。

　オイリュトミー教師は、筋肉の緊張が感じられるよう努めねばならない。体操の教師は、生徒が人体各部の重さ・軽さを正しく感じているかどうかを感じ取らねばならない。子どもは腕や脚を上げるとき、本能的に重力も感じねばならない。片足で立って、他方の脚を上げるときに、いかに足が重いか

を感じねばならない。体育の教師は、動力学的に理想的な人間を心魂のなかに描き、自分の前に立っている生徒を、この理想的な人間に近づけていこうとする。

　オイリュトミーはむしろ呼吸に合い、体操は血液プロセスに合っている。体操中に呼吸が促進されるが、体操の本質は生理学的プロセスである。体操は本来、呼吸プロセスが影響されないような形でなされねばならない。身体が正しい姿勢をしているのに呼吸プロセスが害されるなら、正しくない体操だ。

　体操においては、意志が考慮される。だから、体育の教師は身体運動と意志表明の関連に、本能的・直観的に精通しなくてはならない。動きがどのように意志と関連しているか、感じられねばならない。オイリュトミーにおいても意志は育成されるが、内的な感情という回り道をたどる。意志が感情をとおして表明されるのである。性格というのは、意志の行為に際しての感情の体験だ。体育教師は直接、意志の行為に関わる。オイリュトミー教師は、意志の行為に際しての感情の体験に関わる。
【全集300巻】

心魂のこもった体操

　オイリュトミーを「心魂のこもった体操」と名付けることができる。今日行なわれている単なる生理学的な体操は、多かれ少なかれ、人体の研究から出発している。オイリュトミーはそのようなものとは違って、子どもが行なう動きのそれぞれに心魂がこもっている。どの動きも、単に身体的な動きなのではない。音声が心魂の表現であるように、どの動きも心魂の表現なのである。

　オイリュトミーは夢の反対である。夢を見ているとき、人

間は半分眠っている。オイリュトミーをするときは、日常の生活において起きているときよりも、明瞭に目覚めている。生理学的な体操は、心魂から発する意志のイニシアティヴの強化に、なにも寄与しない。生理学的な体操は、意志のイニシアティヴを強めない。意志のイニシアティヴは、子どもの行なう動きによって強まる。子どものころは、個々の動きは同時に心魂的なものであり、どの動きのなかにも心魂が注ぎ込んでいる。

【全集301巻】

考察と体操・姿勢・休憩

　もっぱら考察を要求される授業においては、睡眠中と同じ現象が身体のなかに呼び起こされる。すなわち、下から上への有機的活動である。歴史の話を聞く生徒のなかでは、睡眠中に展開するのと同じ有機的な活動が行なわれている。新陳代謝の産物が脳に上昇するのだ。私たちの身体のなかで病んでいるものは、上部器官の目覚めた活動によって抑制されており、上昇できない。私たちが眠ると、病気の部分は上昇する。子どもに考察させると、子どもの身体のなかで不調なもののすべてが上昇する。

　それに対して、子どもにオイリュトミーを行なわせたり、歌を唄わせたり、音楽的に活動させたり、体操をさせたり、自発的に書かせたり、手仕事をさせたりすると、目覚めの活動に比較されるもの、高められた目覚めの活動が生じる。だから、歌・オイリュトミーをとおして、意図せずとも、衛生的・治療的な活動を行なっているのである。

　衛生的・治療的な活動は、私たちが素人っぽい医学的意図なしに、健全な表象、健全な人生観に自らを委ねるときに最も効果的である。前日の歌の授業、前日のオイリュトミーの

授業のおかげで、子どもに歴史などの考察的な授業ができるということを、教師が知っているとよい。

　現代の体操は、人間を無視している。人間は紙細工の人形の模倣をさせられているのだ。教育において大事なのは、体操するときに、自分が内的に体験できる姿勢・動きをすることである。

　子どもが吸気を緑だと感じるようになったら、なにかが達成されたのである。子どもは吸気のために一定の身体の姿勢を欲するのが分かる。子どもは内的な体験をとおして、吸気のための正しい姿勢をとる。そうしたら、体操をさせることができる。息を吐くときに自分の力を感じ、吐息をとおして自分の力を世界に伝えたいと感じるなら、子どもは自分に合った身体の動きを正しく体験している。下半身の動き、手足の動き、頭の姿勢、腕の姿勢を正しく体験している。一度でも吐息を十分に感じたら、子どもは正しい動きを体験しているのである。

　私たちは、子どもから身体の動きを引き出して、精神的・心魂的な体験へと向ける。腕・脚の動き、走行・停止などにおいて、子どもの身体が欲する心魂的体験を発展させるべきだ。そうして、体操をオイリュトミーに結び付ける。オイリュトミーは精神的・心魂的なものを表わす。人間の動き全体を心魂と精神で貫く。人間の精神・心魂が人類進化の経過のなかで修得してきたものを、オイリュトミーは出発点とする。しかし、物質的・身体的なものも、精神的に体験できる。この方向を進めると、人間は呼吸・新陳代謝を体験できる。そうすると、人間は自分自身を感じ、自分の身体を感じる。そのとき、子どもに行なわせるオイリュトミーは体操に通じる。オイリュトミーと体操の間に橋を架けることができる。体育

で子どもが行なうことは、身体の体験、精神的・心魂的な体験から取り出される。そうして、子どもが体験するものに、身体を合させるように体育を行なう。

　子どもにオイリュトミーをさせると、子どもの動きをとおして、四肢のなかにある精神的なものが上方に流れていく。子どもにオイリュトミーを行なわせたり、歌を唄わせるのは、精神を解放することなのだ。手足に満ちていた精神が解放される。本当に精神が子どもから引き出される。

　子どもに体操・オイリュトミー・歌唱をさせると、子どもは本当に精神化する。子どもはまったく別の存在になって、自分のなかに精神的なものを多く有するようになる。精神的なものは子どものもとに留まろうとする。だから、オイリュトミー・体操・歌のあと、しばらく子どもを休ませるのである。たとえ2～3分だけでも休息させる。子どもが年長ほど、休憩が必要である。そうしないと、翌日必要なものがなくなってしまう。

　子どもはオイリュトミーをしたり、歌を唄ったりするとき、何をしているのだろうか。模倣から解放されつつ、模倣を続けているのである。歌を唄い、音楽を聴くとき、人は模倣するときと同じ内的な動きをしている。

　オイリュトミーをするときは、何をしているのだろうか。手に石筆やペンを持って、「ア」や「エ」を書く代わりに、自分の形姿で言語の内容を世界のなかに書き込んでいるのである。抽象的な記号ではなく、自分の身体をとおして世界のなかに書き込むのだ。そうすることによって、生まれる前に行なっていた活動を続けるのである。

【全集302巻】

体育教師

　今日、私たちは体育教師・修辞学教師・博士という３つの要素を開発しなければならない地点にいる。教育の領域において、この３つの要素を発展させることが最も必要である。

　全教員が、体操・オイリュトミーを教える教師と連動して働くべきである。自分でオイリュトミーをしてみると、各々のオイリュトミーの動きが人間存在の深みから心魂的なものを呼び出すのが体験できる。

　体操の動きは、正しく行なうと、精神的な雰囲気を人間のなかに呼び出す。その雰囲気のなかでは、精神的なものは抽象的になって死滅したりはしない。その雰囲気のなかに、精神的なものはいきいきと入っていける。　　　【全集 302 a 巻】

体育と勉強

　現代の主知主義は明晰さに向けて努力している。しかし、主知主義は最終的に、無意識・本能的なものに導く。主知主義は、かつては明確な知識を示した宗教の叡智を、不透明で無力な信仰にした。宗教が超感覚的な知識に基づいていたあいだは、その知識は人間の肉体にまで力を注ぐことができた。しかし、知識とともに、その力も消え失せた。そうして、かつては精神から取り出したものを、物質のなかに本能的に探そうという努力が人間のなかに生じた。こうして、スポーツが生まれた。

　子どもを静かに教室に座らせる必要があるときは、健康に配慮した椅子を使おうとも、静かに座っているので、新陳代謝・四肢組織が活動しないことになる。すべてが頭から引き出される。そうすることで、子どもを一面的にしている。頭の活動を軽減し、四肢・新陳代謝組織を活発にすると、均衡

を取れる。あとで体育をするのである。頭部組織のプロセスと四肢・新陳代謝組織のプロセスが対極的であることを知れば、このように交互に行なうことがいかに重要か、把握できるだろう。

しかし、子どもに体操・跳躍など、さまざまな練習をさせたあと、教室で授業をすると、どうなるだろうか。新陳代謝・四肢組織を活動させると、頭のなかに人為的にもたらされる思考内容が頭から出ていく。子どもは飛び回り、動き、新陳代謝・四肢組織を運動させる。物質的な地上生活のあいだに植え付けられた思考内容は退く。しかし、夢のなかに現われるもの、超感覚的な叡智が無意識的に頭のなかにあり、頭のなかで作用する。体育のあと、子どもを教室に戻して勉強させると、体育の練習中に体験したものに代えて、意識下においては子どもにとって価値の低いものをもたらすことになる。体育の練習中、感覚的なものだけが子どもに作用するのではない。超感覚的なものも、体育の練習中、特別に作用する。だから、子どもは次の時間、内的に不機嫌だ。体育の練習に続いて通常の授業を行なうと、子どもを損ない、病気の傾向を植え付ける。

私たちは、自然主義的・主知主義的な方法で獲得された外的な叡智を、頭のなかにもたらす。それはのちに、頭部以外の人体部分に流れていく。通常なら頭部組織のなかにとどまるべきものが四肢・新陳代謝組織のなかに流れ込むと、人間は病気になる。悟性的な叡智は、不正な場所、新陳代謝組織のなかに入ると、一種の毒になる。今日の叡智で子どもを特別に賢くしようとして、できるかぎり教室内に座らせておくと、無意識の叡智が子どものなかで活動するのを妨げることになる。無意識の叡智は、駆け回って、多かれ少なかれ律動

的に運動するときに活動するからだ。頭部組織と新陳代謝・四肢組織のあいだにある律動組織が、人体と無意識の叡智との結び付きを促進する。

教師は、子どもがどのように遊びたがっているか、気づかねばならない。教師が頭をひねって考え出したことを命じると、子どものなかの生き生きとしたものを抑圧し、活発さを萎えさせる。体育教師の命じるものに子どもは興味を持てず、内的な活動は鈍くなる。本当に人間を認識する者は、体育教師が「1、2、3」と手を叩いて、みんなをステレオタイプに動かすのを見るよりも、少年少女が一緒に自由に、平行棒・鉄棒・網梯子で遊んでいるのを見るほうを好むだろう。少女に厳格な行儀よさを課すと、貧血の原因になる。男の子であれ女の子であれ、正しく成長するためには、少々騒ぐべきなのだ。　　　　　　　　　　　　　　　　　【全集303巻】

外的な体育と内的なオイリュトミー

オイリュトミーは外的な体育と見事に対応する。外的な体育は、各々の練習において生徒が空間・方向を感受するものになっている。本来、方向が最初に存在する。人間は方向を感じて、腕をその方向に向ける。体操・体育を通じて、空間に帰依するのである。オイリュトミーの動きの性格は、人体から取り出されたものだ。問題は、「心魂はこの動き、あの動きをするとき、何を体験するか」である。こうして、個々の音声がオイリュトミーにおいて現実化する。

人間が力を手足に注ぎ込むとき、何が出来上がるだろうか。人間は外的な体育の練習をとおして空間に帰依するのに対し、オイリュトミーにおいては人間の本質に従って、人体自身が要求する外界への動きを行なう。内なるものを外へと動かす

のがオイリュトミーの本質だ。外なるものを人間が満たして、人間が外界と結び付くのが体育の本質である。　【全集307巻】

彫塑とオイリュトミー

　造形芸術の授業で、子どもと自由に彫塑をすることによって、私たちは最もエーテル体に類縁のものを子どもにもたらす。子どもは内的に自分の本質を把握すると、人間として正しく世界のなかに位置することが可能になる。音楽を子どもに教えるとき、音楽はアストラル体を形成する。両方を結合して、彫塑に動きを与え、動きを彫塑的にすると、オイリュトミーになる。オイリュトミーは子どものエーテル体からアストラル体へと進む。

　オイリュトミーは明瞭な身振りで、言葉を開示する。子どもが健康であるなら、オイリュトミーを習うのに何も支障はない。子どもはオイリュトミーをとおして、自らの本質を表に現わすからだ。子どもは自分の本質を実現しようとする。

　オイリュトミーは人間全体、物質的身体・エーテル体・アストラル体から発生する。オイリュトミーは人智学的な人間認識によってのみ研究できる。今日の体操は、生理学的に肉体のみに関わっている。体操では、人間全体でなく、人間の一部分しか教育できない。体操に反対しているのではない。今日、人々は体操を過大評価している。だから、体操と並んでオイリュトミーを行なわねばならない。　【全集310巻】

スポーツとオイリュトミー

　教師が今日おこなっているのは体育の授業だ。スポーツとオイリュトミーは別のものであり、この両者は並行しておこなうことができる。

人間はしばしば空間という概念を、まったく抽象的にとらえている。空間は具体的なものであるということを、人々はまったく考慮していない。空間はまったく具体的なものであり、人間によって感受されるものだ。人間は自分が空間のなかにいるのを感じ、自分が空間のなかに存在する必然性を感じる。

　人間が空間内で均衡をとり、空間中のさまざまな場所に位置すると、スポーツ・体操・体育が発生する。人間は空間のなかにいようと欲する。腕を伸ばす体操をするとき、私たちは両腕を水平にすると感じる。ジャンプするとき、身体を自らの力で上方に動かすと感じる。これが体操だ。

　内的に感じたものを保ち、思考しつつ感じる者は、オイリュトミーの「イ」の動きをするだろう。そのとき、内的・心魂的なものが動きのなかに存在する。自分の内面を開示するのである。そのようなことを、人間はオイリュトミーにおいて行なう。だから、オイリュトミーは内面の開示なのだ。呼吸・血液循環が心魂的なものになると、そこで人間が体験しうるものがオイリュトミーにおいて表現されるのである。

　体操・スポーツにおいては、空間のいたるところに方向と位置がある、と感じられる。方向・位置のなかに飛び込み、梯子を登ったり、縄を登ったりする。これが体操とオイリュトミーの違いである。

　オイリュトミーは心魂のいとなみを外に流出し、そのことによって、言語のように人間を表出する。オイリュトミーは目に見える言葉なのだ。体操をとおして、人間は外的な空間に順応し、世界に適応する。世界に適合するかどうか、試すのである。それはオイリュトミーのように言語や人間の開示ではなく、世界が人間に要求することである。人間が世界に

精通することを、世界が人間に要求しているのだ。

【全集311巻】

体育・
オイリュトミー

Worte Rudolf Steiners zum Lehrplan

手芸・手仕事

手を意識する

「自分を見てごらん。手が2つある。左手と右手だ。手は働くためにある。この両手で、君はいろんなことができる」。このように、自分にあるものを意識させることを試みる。

子どもは、自分に手があることを知っているだけでなく、手があるということを意識すべきなのだ。仕事のために手があるということを知っているのと、そのような考えが心魂に浮かんだことがないのとでは違う。手について、そして手で行なう仕事について子どもとしばらく話し、手を器用に用いさせてみる。場合によっては、これが最初の時間にできる。

【全集294巻】

カリキュラム

手仕事の選択にあたっては、必要に応じなければならない。すべてを芸術的なものにすることはできない。芸術性の発展を怠るべきではないし、芸術的感覚を涸れさせるべきではないが、子どもが靴下を編むとき、芸術的感覚から始めることはあまりできない。しかし、靴下を1足編んだら、そのあと、かわいい感じのものを作らせることができる。必要なもの、生活のなかで意味のあるものを、趣味よく芸術的に作れる。

10学年で、手芸の授業を芸術的にしていかなくてはならない。美術工芸品に取り組むと、子どもは集中・努力するにちがいない。10学年では、実際的な授業をする。その他の美術工芸品を作るべきではない。

11学年では、製本をする。この学年では製本と箱作りをしなくてはならない。

1学年から4学年まで、週に連続2時間の手芸をし、その後は週1時間にする。授業に変化をつけてもよい。いろいろ

な作業ができる。8学年・9学年からは、男子には女子と別のことを行なわせることもできる。

生活のなかにないものを学校に持ち込まない。実生活で使われるもののみが、相応の方法で学校に入ってくるべきだ。

【全集300巻】

男子と女子

ヴァルドルフ学校の原則に沿って、少年少女が一緒に、同じ手仕事を行なう。少年少女が一緒に、棒針編み・鉤針編みなど、同じことをするのは大きな喜びだ。少年は少女とはいくらか別のことを棒針編み・鉤針編みから体験するとはいえ、それでも少年は棒針編みから多くのことを体験し、なによりも大きな喜びをもって棒針編みを行なう。この共同作業は、子どもの全体的成長にとって特別に有益である。手芸・工芸の授業において、少女は少年が行なうのと同じ困難な労働をしなくてはならない。いたるところで、人間の器用さ・手際よさの育成が配慮される。

美を、生活に属するものとして考察しなくてはならない。美は自己完結的なものではなく、生活のなかに据えられたものだという感覚を、いたるところで発展させねばならない。

【全集303巻】

色彩体験

絵の授業から手芸の授業を形成することも試みられる。スケッチしてから刺繡するのではない。子どもの人間的本質から、色彩を扱わせるのである。

まず子どものなかに正しい色彩体験を作り出すことが、非常に重要である。色彩とともに生きることを学ぶ必要がある。

パレットから絵の具を取って描くのではなく、水に溶けた絵の具を絵皿から取るのだ。そうすると、いかに色彩が別の色彩のとなりで生きることができるかを子どもは感じる。内的な調和と内的な色彩体験のための感情を、子どもは獲得する。子どもを最初に色彩の要素のなかに導入し、なにかを自然主義的に模写するのではなく、色彩体験から描くことを学ばせると、大きな進歩が生じる。子どもは色彩に精通し、おのずと色彩から形態が取り出される。なにかが描かれるのではない。色彩をとおして、なにかかが生きるのである。あまりにも早く対象物を描きはじめると、生命的なもののための感覚が失われて、死せるものしか知覚しない感覚が現われてくる。

【全集 305 巻】

実生活

　思春期に、実生活への移行がなされねばならない。人間の身体・心魂・精神を高次の意味で人生に役立つようにするものを、学校にもたらさねばならない。この点で、今日はまだ十分な心理学的洞察が行なわれていない。人間の精神・心魂・身体のなかの繊細な精神的関連を、人々はしばしば、まったく予感しない。心魂のいとなみを知ることを課題としている人々のみが、そのことを予感している。

　たとえば、わたしがある年齢において製本作業を習わなかったなら、今日わたしが精神科学の領域で行なっていることは達成できなかっただろう。製本作業は、正しい年齢において教えられると、精神・心魂に特別のものを与える。実際的な作業は、そうなのである。

　ヴァルドルフ学校で、人間の本性に適った年齢において、手芸・製本・箱作り・厚表紙本綴じを教えないなら、それは

人間本性に対する罪だと思う。人間が全人になるためには、それらのことが必要なのだ。箱を作ること、製本をすることが本質的なことなのではなく、そのような活動をとおして一定の感情と思考のプロセスを体験することが大事なのだ。

【全集306巻】

男子と手芸

ヴァルドルフ学校の手仕事の授業で、少年と少女が並んで座って編み物をし、鉤針編みをしている。少年たちは夢中になって、靴下を編んだり繕ったりするのを習っている。彼らは、自分の男性的な威厳が損なわれるとは思わずに編み物をしている。このようなことをさせるのは、少年たちにさまざまな技芸を教えるためではなく、なによりも、さまざまなことがらへの理解を発展させるためである。

現在の社会状態の主な欠陥は、人間が他人のしていることをほとんど理解していないことだ。手仕事の育成によって、人間がさまざまな方面で器用になることが大事である。必要な場合に自分の靴下や服を繕えない人はまっとうな哲学者になれない、と私は確信している。

【全集307巻】

靴作り

可能なら、私は靴職人を教師として雇うことだろう。理論ではなく実際に子どもが手で靴作りを学べるように、靴職人をヴァルドルフ学校の教師の一員にしたい、と私は思う。そうしたら、子どもは生活に精通できるだろう。

私たちは可能なかぎり子どもに実際的な仕事をさせるように試みている。

【全集311巻】

Worte Rudolf Steiners zum Lehrplan

工芸

農作業

　農耕と人間生活の関係を子どもに教えることをとおして、鋤・鍬などのはっきりしたイメージを地理との関連で教える。小さな玩具か工芸品であっても、農具の使い方を子どもに見習わせてみる。そうすると、子どもは器用になり、正しく生活のなかに立てる。

　器用さそのものよりも、子どもの生活と世間の営みとが心魂的に結び付くことのほうが重要である。鎌で草を刈ったり、鋤で畝立てをした子どもは、そのようなことをしなかった子どもとは別人になる。心魂が別様になるのだ。抽象的な工作の授業で代用することはできない。

【全集294巻】

工作と芸術性

　リズムを作業のなかに持ち込み、音楽・歌唱・オイリュトミーの授業を工作の授業と関連させれば理想的だ。そうすると、非常によい作用が子どもに及ぶ。打穀・鍛冶・舗装など、あらゆる仕事は音楽的なものから発する。今日では、こういう音楽はもうほとんど聞かれない。こういう音楽を、私たちは復興することができる。

　工作の授業において、芸術性・芸術感覚を磨くべきである。子どもに交互にあれこれのことを行なわせ、作品を完成させる。単に実用的なものを作らせるだけでなく、理にかなった玩具も作らせる。工作の授業で、2体の鍛冶屋の人形が動くおもちゃを作らせるのが好ましい。子どもは器用になるだろう。

　子どもが料理用スプーンを作ることに異存はない。縁遠い贅沢品を作る必要はない。

　工作の授業は、本当に芸術的なものへと移っていかねばな

らない。彫塑において、それが可能である。彫塑を絵画と入れ替えることができる。こうして、芸術・美術工芸へと移っていける。どういうときに椅子が美しいか、どういうときに食卓が美しいか、できるだけ早く子どもに概念を教える。そうすると、椅子は目に美しくあるべきだ、という乱暴な見方がなくなる。椅子というのは、座ったときに美しさを感じるものだ。こうして、工作と芸術感受と音楽が合生するだろう。

【全集300巻】

工芸を学ぶ年齢

　教えるものすべてが人間全体に関連する。生活において物質的・実践的なものに導いていくことが、ヴァルドルフ教育では第1に目指されている。子どもが次第に手の使い方を学ぶことが目指されている。その際、幼児期に遊びで手を使ったことによって、職人芸的・芸術的な要素が子ども自身から引き出されるべきである。これは、子どもにさまざまな実際的な仕事を行なわせることによって達成される。本来なら、多くのことがもっと若年向きなのだが、私たちは妥協せざるをえなかったので、これを6学年からしか始めていない。理想が達成できたら、いま11歳・12歳の子どもが行なっている実際的な仕事を、9歳の子どもが行なえるだろう。

　実際的な仕事は自由な仕事の性格を持ち、芸術的なものへ移行していくという性格を持っている。子どもは課せられたものに従うのではなく、自分の意志で製作すべきだ。私たちの手仕事・工作の授業では、さまざまな対象を彫って、子ものアイデアで製作・加工させている。これを子どもは11歳・12歳・13歳・14歳・15歳のあいだに行なう。いまはもっと上のクラスでやっているが、形を簡単なものにして、も

っと下の学年で行なわなくてはならない。　　　　【全集305巻】

実用品と芸術性

　かなり早くに、子どもが玩具を作れるようにする。子どもが自分で、木材を彫って玩具を作ることによって、遊びと技芸とが結び付く。遊びを次第に芸術的な形態、そして実際的な形態に導くのが、人間の本性が要求するものに相応することだ。

　非常に興味深いことに、子どもが彫塑、造形芸術的な創造活動をしていると、おのずと玩具が作れるようになる。私たちは技術・芸術を、美術工芸的なものへと導いていける。子どもは簡単な道具・家具を作ることを学び、鋸・小刀などを用いて指物師・建具屋の仕事をしてみる。このような方法で、生活のための本能を目覚めさせるのだ。一方では実際的なものへの感覚、他方では芸術への感覚が形成される。

【全集307巻】

Worte Rudolf Steiners zum Lehrplan

技術

生活への関与

　子どもは生活に関与することを学ばねばならない。子どもが生活に関与できるようにするとともに、授業を経済的に進めるなら、本当に生きた教養を子どもにもたらすことができる。義務教育を終えたのち手仕事に携わる生徒たちが、学校で教養を身につけておけるようにする。

　21歳までは単なる研究成果、専門的な学問に由来するものを教えてはならない。十分にこなれたものを授業で扱わねばならない。判断力は、14歳になってから育成できる。その時点で、判断力に訴えることがらが授業のなかに現われねばならない。たとえば、現実の論理的把握である。家具職人や機械工の見習いが、教職志望の生徒と一緒に学校で学ぶなら、専門的でありながらも、機会均等の統一学校になるだろう。この統一学校には、人生になくてはならないものがすべてあるだろう。それがなければ、社会的な災いが今よりも強くなるだろう。

　15歳から20歳まで、農業・事業・工業・商業に関するものすべてを、理性的・経済的に教える。農業・商業・工業・事業において行なわれているものを知らずに、この年齢を通過してはならない。これは、この年齢の授業で行なわれている多くのことがらよりも、ずっと必要だ。この年齢で「世界観」が登場する。なによりも、歴史・地理、自然認識に関するものすべてを、常に人間に関連させて教える。世界から人間を知るのである。

　感受的心魂が繊細に振動しはじめる14歳・15歳以上の年齢で、最も身近な現代生活に導かねばならない。農業の実際、さまざまな商業を知らねばならない。

【全集192巻】

身近な事業

　義務教育の終わるころには、個々の授業の対象を、包括的な意味で生徒を社会的に育成するために利用するべきである。学習してきた物理学・博物学の概念から、子どもを身近な企業の歩みに通じさせることを怠るべきではない。子どもは15歳・16歳で、石鹸工場や紡績工場で行なわれていることを把握するべきだ。　　　　　　　　　　　　　　　【全集294巻】

10 ～ 12 学年

　10学年で、機械工学の基礎概念を学ぶ必要がある。機械工学は週1時間で十分である。半年間、機械工学、そして半年間、測量と平面図を学習する。機械工学は、螺子(ねじ)のことから教えはじめる。機械工学は物質の性格から始めるべきだからである。動力学はあとからだ。子どもにドリル・螺子を描かせる。測量では、ブドウ畑・果樹園・牧場などで水平を測定するところまで行けば十分だ。紡績・織物に関して、簡単な糸車、織機について習うことから始めねばならないだろう。どうやって糸を作るか、どのように織物を作るかまで到達できればよい。これが3年間でできれば、喜ばしいことだ。その際、素材の知識がなくてはならない。そうすることによって、趣きを添えることができる。男子が螺子を描いているあいだに、女子を理論的な詳述に慣れさせる。機械工学の特徴は、多くの時間をかけてわずかのことしか行なえないことだ。授業を本当に刺激的なものにしないと、男子はついてこない。この年齢では、もっと刺激が必要だ。

　11学年で、製本と箱、水車とタービン、製紙を学ばなくてはならない。製紙・水車・タービンについて教えると、子どもは多くのことを学べる。地理的な概観を学び、河川の意味

技術

を知ることができる。国民経済の基礎にまでいたれる。

　糸紡ぎの学習が、生徒たちの心魂のいとなみに合致する。そうして、生徒は本当に実生活を知る。事物を眺めるだけでは、実生活を知ることにはならない。実際に行なわれるようにやってみると、実生活を知ることになる。編み上げ靴の作り方は1週間で学べるが、靴職人の徒弟期間は3年必要だということに、子どもが気づくべきだ。

　12学年で、化学技術を週1時間導入できるだろう。

　10学年から技術を学ぶ。10学年では、簡単な方法で機織りを行なわせる。11学年ではタービンを学ぶ。　　　【全集300巻】

男子と女子

　思春期に近づいた生徒にとって、生活を外的に把握することが重要だ。私たちは授業のなかに、主観を客観に接続させるように導くものを取り入れねばならない。まさにこの年齢において、男子が実際的なもの、自分を外界と関連させるものを把握できるようにカリキュラムを組むべきだ。だから、10学年のカリキュラムで、つぎのように行なおう。

　社会性を正しく斟酌するために、男子と女子を一緒にする。しかし、活動のなかには差異を導入しなくてはならない。だが、男子と女子を分離すべきではない。一緒に行なわないことも、男子は女子が行なっているのを見るべきだ。女子は、男子が行なうことを見るべきである。社会的に両者は触れ合っているべきだ。

　頭から思考を導き出すものを、手を内的に活動させるものとともに受け入れるべきだ。それは実践についての理論である。この年齢の男子が、力学を学ぶのは自分に適したことだと思えるよう、物理学で行なわれる理論的な力学ではなく、

機械の製作へといたる実際的な力学を教えることが必要だ。技術機械工学の初歩を、カリキュラムのなかに受け入れねばならない。

女子は、紡績と機織に関する表象と器用さを得なくてはならない。素材がどのように紡がれ、織られるか、女子は知らねばならない。男子はこの年齢で、測量と地勢図の初歩を学ばねばならない。牧場や広葉樹林を平面図に書き込めなければならない。女子は衛生学、包帯の仕方の初歩を学ばねばならない。

授業には、男女ともに出席する。つまり、生活のなかで生じるものすべてを理解させるべきだ。そうしないと、人間はいつも自分には未知の周囲のなかに生きることになる。のちに職業上、測量を学ぶとしても、15歳で測量をしたか、19歳・20歳になってから習得したかで、まったく異なる。19歳・20歳で習得すると、15歳におけるよりも外的なものとして刻印される。習得したものは人間精神と1つになり、単に職業的な能力ではなく、自分自身のものとなる。機械工学の初歩もそうであるし、女子が取り組むものもそうだ。　【全集302巻】

技術

さまざまな職業

義務教育の年齢が過ぎると、職業のための準備をする年齢に入る。もはや単に人間の本性から発するものを教えるのではない。文明のなかで職業に関して蓄えられてきた知識・技能を伝えねばならない。人間は専門的な技能に適応できねばならない。

ヴァルドルフ教育では、14歳・15歳になった子ども・若者に、次第に実際的な授業をして、人生への船出に備える。機織り・糸紡ぎなどの実際的な授業をとおして、人生への旅立

ちを準備しようとする。どういうふうに機を織り、糸を紡ぐか、実際に行なってみることは、織り工や紡績工になる者にとってのみ重要なのではない。生活において実践的であろうとする者すべてにとって、非常に意味がある。適切な年齢で適切なことがらを扱うのが大切だ。

人々はアストラル体の基本特性をとおして、人間によって人類進化のなかに持ち込まれたものすべてを知る。家を建て、鋤を作り、紡糸機を組み立てるときに用いられる力はアストラル体に結び付いている。外界で自分を取り巻く、人間によって作られたものを、人々はアストラル体をとおして知る。

だから、教育・授業において、性的成熟を通過する時点で、人間自身が作り出した生活面へと実践的に導入するのは、人間認識に基づいたことだ。性的に成熟する年齢に達する生徒のために、カリキュラムをできるだけ心魂的・経済的に整理する。教師は生活の主要事のための感覚を発展させ、できるだけ経済的に生徒に教える。電話の仕組み、路面電車の構造を認識する。これらをできるかぎり簡潔に言い表わす能力を発展させねばならない。生徒が現代の文明生活の意味を知るように努めねばならないからだ。

化学・物理の授業において、性的に成熟する年齢前に適した形で、すべてを準備しなくてはならない。そうすると、性的に成熟するとき、生活の実際的な面を可能なかぎり無駄なく構築していける。精神的な職業に特別の才能を持っている生徒を、この意味で教育しなければならない。

しかし、後年になって一面的に人間のなかで発展するものを、別様に発展するものによって、ふたたび全体的なものにしなければならない。一面において、より精神的な方向に向かう意志衝動を生徒にもたらすなら、生徒が実生活を洞察す

るように、認識衝動も形成しなくてはならない。実生活の領域を一目瞭然に洞察する力、実生活全体のための感覚を生徒にもたらすのである。

　一方の側に意志衝動を形成すると、アストラル体のなかに存在する認識衝動が他の側に形成される。精神的な職業に向いている者に、手工業のいとなみを知らせる。手工業に向いている者に、理解可能な範囲で精神労働の手ほどきをする。この生活の実際的な側面を、学校で育成しようと努めねばならない。手工業も、生徒を工場に見学・実習に行かせるのではなく、学校のなかで生活の実際面を考慮できるようにするのだ。そうすると、生徒は見本として呈示されたものを短期間で身につけて、実生活のなかで実行できる。実際に見本に触れて身につけるのは非常に実践的なことであり、必要なものを実生活に持ち込める。

　生徒ができるかぎり長く、学校という環境のなかにとどまるのは健全なことである。一挙に生活のなかに導くのではなく、徐々に生活に近づけるのが、人間の内的本質に適っているからだ。簡単な機械を組み立てるとき、人間は精神活動をしなくてはならない。対象を理解していないときに精神を活動させるのは、意識下の人間本性にとって耐え難いことだ。

技術

　現代に広がっている抽象的な精神に、私たちは実生活への精通をとおして、次第に耐えられるようになる。正しい年齢で絵画・彫刻を美的に理解できるようになれば、路面電車・蒸気機関車を、危険なしに理解できるようになる。

【全集303巻】

Worte Rudolf Steiners zum Lehrplan

概観

概観

1学年

【国語】教師が話をし、それを生徒が自分の言葉で語り直す。標準語を習う。簡単な絵を描いて、そこから文字を習得していく。童話、短い話を題材にする。

【算数】4則を同時に学ぶ。20まで、可能なら100までの数を扱う。

【外国語】翻訳せず、文法に触れず、歌や詩など、音の響きによって習得していく。

【生活】子どもをしだいに周囲に目覚めさせる。周囲との結び付きを意識的なものにしていく。

【美術】色彩感覚を育成し、色彩から形態を発生させる。対象物の模写は避ける。

【音楽】音声を正しく形成し、正しい耳を作る。5度を体験させ、5度の範囲内の歌を唄わせる。リコーダーを習う。

【オイリュトミー】基礎的な幾何学と簡単な音楽に適ったオイリュトミー。直線と曲線の違いを全身で感じさせる。シュタープ(棒)の練習。

【手芸】2本の編み針による簡単な編み物(タオル等)。

【遊戯】他の学科の学習から生まれた衝動を、身体運動に受け入れる。自由な遊びを刺激する。

2学年

【国語】教師が話した内容を、生徒が文章にまとめる。動詞から始めて、主語・形容詞・動詞という概念、簡単な文章の構造について学ぶ。動物の登場する寓話を題材にする。

【算数】より大きな数の計算。無名数の導入。さまざまな形から空間意識を育成する。

【外国語】1学年の続き。

【生活】周囲について、思考的に叙述する。

【美術】色彩の調和を内的に感じる。三角など、形態の発する言語を理

解していく。

【音楽】1学年の続き。1オクターブ内での歌。

【オイリュトミー】字母を扱いはじめる。5度のインターバルを練習する。

【手芸】鉤針編みで小物を作る。

【遊戯】1学年の続き。

3学年

【国語】短音・長音などの感覚を呼び起こす。品詞と構文の理解。綴り・発音を学び、詩の美しさを感じる。

【算数】より複雑な4則を、実生活に結び付けて学ぶ。

【理科】動物を取り上げ、人間との関係を学ぶ。

【外国語】2学年の続き。

【生活】身近なもの、たとえば漆喰をどのように使って家を建てるかや、肥料のやり方、畑の耕し方、穀物はどのような姿かなどを学ぶ。

【美術】2学年の続き。

【音楽】2学年の続き。記譜法（ハ長調の楽譜）を学ぶ。

【オイリュトミー】音楽・幾何学に結び付けたオイリュトミー。ハ長調の曲。

【手芸】さまざまな日用品（帽子、ジャンパー、ポットカバー等）を、鉤針編みで作る。

【体育】脱穀・種蒔き等を模した体操。

4学年

【国語】教師の話した内容を、生徒が自分で再現して書く。さまざまな種類の手紙の書き方を学ぶ。動詞の時制、言語の構造を理解する。伝説・英雄談を読む。

【算数】分数・小数の導入。幾何学図形の学習。ピタゴラスの定理。

【理科】動物界と人間の関係を自然科学的に学ぶ。

【歴史】いままでの生活科から発展させて、身近な歴史、たとえば自分たちの町の農業や工業の由来などを学ぶ。

【地理】地元の地理・歴史を学ぶ。郷里の農業・工業の歴史を学ぶ。

【外国語】文法を学びはじめる。散文を扱い、文法を明瞭にする（文法の説明は、教師が作った散文を例にして帰納的になされる）。

【美術】丸・尖端・半円・楕円・直線などに対する感覚を目覚めさせる。

【音楽】楽譜と音階を学ぶ。長3度・短3度を体験する。リズム・メロディー・ハーモニーを把握させる。2部合唱・カノンの練習。

【オイリュトミー】文法を考慮したオイリュトミー。頭韻を踏んだ詩のオイリュトミー。短調の曲は、まだ扱わない。長3度・短3度。螺旋の練習。

【手芸】ハンカチなどを正確に縫う。袋を縫う。刺繍・飾りをする。

【体育】走ったり跳んだり、よじ登ったり投げたりして、勇気や決断力や確固とした精神を育成する。梯子・網梯子を用いる。吊り輪・鞍馬・跳馬など。

5学年

【国語】能動態と受動態。見たもの、聞いたものについて語る練習。子ども自身が見たり考えたりしたことと、他人から伝え聞くことの差異を学ぶ。

【算数】分数の計算に習熟する。

【理科】さまざまな動物の種類を扱う。植物に取り組みはじめる。

【歴史】歴史という概念に取り組みはじめる。東洋文化とギリシア文化。

【地理】大地の構成。近隣地域について、経済との関連で学ぶ。あらゆる地域と結び付いている、という感情を目覚めさせる。

【外国語】構文を学ぶ。短い講読を行なうが、翻訳はしない。外国人の風習・習慣・気質を知る。その言語独特の表現方法、ことわざ、慣用句を学ぶ。

【古典語】簡単な講読。

【美術】絵画的な見方を育成する。彫塑を始める。

【音楽】調を学ぶ。2部合唱・3部合唱・カノン。

【オイリュトミー】4学年の続き。さまざまな長調の曲。シューマン、モーツァルト、ハイドン、バッハの曲。
【手芸】靴下と手袋を編む。縫いぐるみを作る。
【体育】4学年の続き。

6学年

【国語】言語感覚を養う。仮定法の言い回し。商業文の書き方。
【算数】利子の計算、百分率の計算、手形・割引の計算。代数。いままで描いてきた図形を幾何学的概念によって把握し、三角形の合同や軌跡を幾何学的に証明する。
【理科】地理との関連で、植物から鉱物へと学習を進める。
【歴史】ギリシアとローマ、およびその影響（15世紀まで）。
【地理】地球のいろいろな地域、気象と天空について学ぶ。鉱物について学ぶ。
【物理】音響学・熱学・光学・電気・磁気について学ぶ。
【外国語】5学年の続き。特徴的な表現、ことわざ、言い回しを学ぶ。地域・民族についても考慮する。
【古典語】5学年の続き。
【美術】投影・影をフリーハンドで描く。技術と美の結合を試みる。
【音楽】5学年の続き。短調を学ぶ。
【オイリュトミー】5学年の続き。1度からオクターブまでの動きを学ぶ。
【手芸】体操靴・室内履きを作る。
【工芸】木製の玩具。
【園芸】耕作から収穫までを学ぶ。
【体育】5学年の続き。正確さに重点を置く。

7学年

【国語】願望や驚きなどの表現法、感情に即した文章を学ぶ。博物誌の学習を基にして、動物などの性格を描写してみる。民俗学・民族学の書物を読む。実用文・商業文の書き方。

【数学】累乗・平方根を求める。正数と負数の計算。実生活で使われる方程式。ピタゴラスの定理。
【理科】栄養と健康。
【物理】音響学・熱学・光学・電気・磁気について、さらに学ぶ。機械工学の基礎（梃子・車輪・滑車・斜面・ローラー・螺子など）。
【化学】燃焼などから化学的な概念を学ぶ。
【歴史】15世紀から17世紀初頭まで。
【地理】さまざまな民族の精神文化を、経済との関連で学ぶ。博物誌を土台にして、商業および交通の状況を学ぶ。
【外国語】講読に重点を置き、読んだものを再話する。言の性格を扱う。外国人の生活と営み。文学史。
【古典語】6学年の続き。
【美術】遠近法。
【音楽】オクターブ体験を特に育成する。2部合唱・3部合唱・4部合唱。音楽の形式を理解する。音楽の美しさを享受する。
【オイリュトミー】より複雑な形態。願望・驚き等の表現。短調の曲。モーツァルト、バッハ、テレマン、ヘンデル等の曲。
【手芸】ワイシャツ・体操ズボン等を縫う。素材について学びはじめる。
【工芸】動かせる玩具、秩序だった形態の工芸品を作る。
【園芸】6学年の続き。
【体育】6学年の続き。鉄棒・平行棒・跳馬。

8学年

【国語】長文の散文および詩の理解。戯曲と叙事詩を読む。実用文。
【数学】方程式の続き。面積の計算。立体幾何学において、容積・表面積・側面積を算出する。円錐曲線。
【理科】小宇宙としての人間を学ぶ。心魂・精神との関連における健康と病気。骨・筋肉・目などの構造。
【物理】水力学・気体力学・気象学。
【化学】工業と化学の関連。有機体の元素。澱粉・糖分・蛋白質・脂

肪の栄養。
【歴史】近代史（文化史を考慮する）。
【地理】経済との関連における精神文化。物理・化学との関連において、産業と交通の状況を学ぶ。
【外国語】7学年の続き。韻律論。
【古典語】言語の特性を知る。文法を学ぶ。
【美術】対象物における光と色彩の戯れを観察して、たとえば風景を色彩の気分から描く。
【音楽】7学年の続き。
【オイリュトミー】7学年の続き。心魂の緊張と弛緩を示す詩、たとえばバラードを選ぶ。長調と短調を行き来するメロディーを練習する。
【手芸】ミシン縫い・繕い・アイロンかけ。布地についての知識。
【工芸】7学年の続き。
【園芸】7学年の続き。
【体育】さまざまな体操。走り高跳び・幅跳び。

9学年

【国語】美学をテーマにする。歴史論文を扱う。
【数学】平均値。円周率・平面三角法・対数・順列・組合わせ・変分・1次方程式・2次方程式。実際的な立体幾何学・為替手形。2項定理・2次曲線・製図。
【理科】人間について自然科学的に学ぶ。
【物理】熱学と力学から蒸気機関を理解し、音響・電気・磁気の学習から電話を理解する。光学から、ドップラー効果について学ぶ。
【化学】有機化学。
【歴史】16世紀から19世紀（時代思潮を考慮する）。内的な歴史のモチーフを重視する。近代における意識の発展、視野の拡大を述べ、現代の本質を探る。16〜17世紀の社会と近代国家。19世紀における民族の交流。
【地理】山脈の構造。地球内部が有機体であることを学ぶ。

【外国語】文法の復習。外国人の性格・生活・文化を知る。講読を中心とし、外国語で説明する。

【古典語】8学年の続き。

【美術】白黒の練習。自由な形態の彫塑。画法幾何学。

【音楽】長調と短調。器楽。混声合唱と独唱。(自分でメロディーを作ってみる。プライベートにレッスンを受けている生徒が、クラスで演奏する。)

【芸術史】古代からレンブラントにいたるまでの美術の発展、ジョットからレンブラントまでの絵画の推移を扱う。ギリシア美術やルネサンス美術など、美という概念の発展を把握する。

【オイリュトミー】長い詩を取り上げ、言葉の内的な運動、彫塑的・音楽的要素を体験する。3和音の練習。

【手芸】自らのデザインによるクッション・鞄・敷物・籠・帽子。ポスター、本の表紙。

【工芸】粘土・石・木材による彫塑。明暗技法。

【園芸】堆肥作り・野菜作り・果物作り。花・潅木の世話。

【体育】8学年の続き。

10学年

【国語】古文の学習。古典文学の変遷をとおして、血族の愛から個人の愛へ、超人的な存在から地上の人間への移行を知る。

【数学】級数・対数・三角法。2つの平面の交差。幾何学における双対性。

【理科】鉱物の観察。たとえば、石灰や金属が大地や生物内でどういうプロセスをたどるかを学ぶ。人体を心魂と精神との関連において学ぶ。人間を民族学的に考察する。

【物理】力学から機械を理解する。弾道曲線・放物線の方程式。

【化学】酸・塩基・塩について語る。酸化、塩化化合物。酸性反応とアルカリ性反応。蜜蜂の消化液と血液。

【歴史】古代インドからペルシア、エジプト・カルデア、アレクサンドロスによるギリシアの自由の崩壊まで。民族が土地・気候に依存

していることから始め、山地から谷間に下った民族の変化などを話す。

【地理】形態学的・物理学的に地球を理解する。熱・磁気・海流・気流・地球内部など、地球を全体的に把握する。

【外国語】詩の講読。言葉の美・韻律について学ぶ。

【古典語】言葉の精神について学び、語感を育成する。

【美術】地図を描く。

【音楽】ハーモニー・対位法を学ぶ。

【芸術史】詩の美学。形象的表現（隠喩や言葉の綾）を学ぶ。叙事詩の叙唱・朗唱、叙情詩の吟唱・朗読をとおして、様式を把握する。ホメロス、『エッダ』、ゲーテの叙情詩。ラファエロ、デューラー、グリューネヴァルト、レンブラント。アポロン的なもの・ディオニュソス的なものについて学ぶ。

【オイリュトミー】アンサンブル。詩のなかの思考・感情・意志を表現する。

【手芸】9学年の続き。ポットカバーには暖色を使うなど、実際の使用目的に適ったものを作る。

【工芸】9学年の続き。芸術性を考慮する。

【園芸】間伐・肥料・牧畜について学ぶ。

【技術】紡績・機織り。

【測量】土地測量の初歩を学ぶ。

【体育】9学年の続き。

11学年

【国語】中世の作品。物語と実際の出来事との差異に触れる。

【数学】指数方程式。平面三角法・球面三角法。解析。投影。ディオファントス方程式（不定方程式）。

【理科】細胞学。単子葉植物までの単純な植物。植物が大地に関連していること、宇宙の作用を受けていることを学ぶ。因果関係ではなく、相互関係について学ぶ。

【物理】無線通信・レントゲン・放射能・アルファ波・ベータ波など、

近代の成果を学ぶ。
【化学】酸・塩基・塩から、化学元素の総合的把握にいたる。有機化学・無機化学を区別しない。たとえば硫黄について、火山活動の一部であるとともに、生物内の蛋白質中で新陳代謝を促進する力として語る。
【歴史】中世の歴史。
【地理】測量学と地理学の関係。メルカトル図法、メートル法について学ぶ。
【外国語】戯曲の講読。英語ではシェークスピア、フランス語では古典劇。
【古典語】10学年の続き。
【美術】色彩遠近法。
【音楽】音楽について、個人的な好みを越えた判断を育成する。
【芸術史】近代ドイツにおける、彫塑・絵画と音楽・詩の協同。北方民族と南方民族の性質、西洋人と東洋人の人生観。象徴主義・古典主義・ロマン主義という芸術の発展。音楽の発展。ワグナー。
【オイリュトミー】アポロン的な動きとディオニュソス的な動き。
【手仕事】製本。
【工芸】家具。
【技術】水車・タービン・製紙。現代のエネルギー産業の影響を学ぶ。工場見学を行なう。
【体育】10学年の続き。

12学年

【国語】国文学史。古代から現代まで、具体的に作品の例を挙げながら、教養人として必要な知識を与える。近代に関しては、ニーチェ、イプセン、トルストイ、ドストエフスキーについて話す。
【数学】球面三角法・解析・微分法・積分法。カバリエ図（斜投影図法）。
【理科】顕花植物の植物学。人間の器官との関連における動物学。地質学。

【物理】光学（測光、鏡、光と物質。屈折。色彩の発生。偏光。複屈折）。現代物理学の影響を学ぶ。

【化学】無機物・生物・人体における化学プロセス。人体内と自然内におけるプロセスの相違を洞察する。

【歴史】歴史全体を概観して、時代というもの、事象の下にあるものを理解する。さまざまな民族・文化圏の古代・中世・近代を示す。

【地理】宇宙を反映するものとして地球を理解する。宇宙の力によって大陸が形成されていったことを学ぶ。古生物学、民族学。

【外国語】叙情詩と叙事詩。言語の発展と文化の発展を概観し、そこに民族の心性の表現を見る。現代文学を読む。

【古典語】11学年の続き。

【美術】11学年の続き。

【音楽】音楽の様式。

【芸術史】建築様式の発展（象徴主義・古典主義・ロマン主義的発展）。芸術の意味。

【オイリュトミー】11学年の続き。シュタイナー「12の気分」を締めくくりとする。

【手仕事】11学年の続き。製本。

【工芸】明暗画法と色彩画法。家具。

【技術】化学技術。原料についての知識。工場見学。

【体育】11学年の続き。

*

概観

【主要学科（エポック授業）】1～6学年＝週12時間。7学年＝週13時間。8学年＝週14時間。9～12学年＝週15時間。

〈国語〉1～3学年＝14週間。4～5学年＝12週間。6～8学年＝10週間。9～12学年＝6週間。

〈算数・数学〉1～5学年＝12週間。6～8学年＝10週間。9～12学年＝8週間。

〈生活〉1～3学年＝10週間。

〈理科〉 4〜6学年＝4週間。7〜12学年＝3週間。

〈物理〉 6学年＝4週間。7〜8学年＝3週間。9〜12学年＝4週間。

〈化学〉 7〜9学年＝3週間。10学年＝2週間。11〜12学年＝3週間。

〈歴史〉 4〜12学年＝6週間。

〈地理〉 4〜6学年＝4週間。7〜12学年＝3週間。

〈芸術史〉 9〜12学年＝5〜6週間。

【第1外国語】 1〜5学年＝週3時間。6〜12学年＝週2時間（または9〜12学年＝週3時間）。

【第2外国語】 1〜5学年＝週3時間。6〜12学年＝週2時間（または9〜12学年＝週3時間）。

【歌】 1〜12学年＝週1時間。

【器楽】 1学年＝週1時間。2〜4学年＝週2時間。5〜12学年＝週1時間。（または1〜12学年＝週2時間）

【美術】 1〜8学年＝週2時間。9〜12学年＝週6時間×6週。

【オイリュトミー】 1〜4学年＝週1時間。5〜12学年＝週2時間。

【手芸】 1〜4学年＝週2時間。5〜7学年＝週1時間。8学年＝週2時間。9〜10学年＝週1時間。

【体育】 3〜4学年＝週1時間。5〜12学年＝週2時間。

【第1古典語】 5〜9学年＝週2時間。10〜12学年＝週3〜4時間。

【第2古典語】 5〜12学年＝週2時間（または10〜12学年＝週3時間）。

【工芸】 6〜8学年＝週2時間。9〜12学年＝週2〜4時間×2〜3週（または週6時間×6週）

【園芸】 6〜10学年＝週2時間。

【速記】 9〜10学年＝週1時間。

【紡績】 10学年＝週2時間（または週2〜4時間×4週）

【技術】 10学年＝週1時間（または週4時間×9週）。11〜12学年＝週2時間（または週2〜4時間×3週）。

【測量】 10学年＝週2時間×8週（または1週間集中授業）

【応急処置】10学年＝週1時間（または週6時間×2週）。
【手仕事】11〜12学年＝週2時間（または週2〜4時間×6週）
【宗教（選択科目）】1〜12学年＝週2時間。

編訳者あとがき

「緒言」に記したとおり、本書はシュタイナーの講義録から、学童期の教育の要点を教科・学年ごとに整理して訳出したものです。

シュタイナーの教育講義録の主要箇所を抄録したものとしてはK・シュトックマイヤー『ヴァルドルフ学校の授業のためのルドルフ・シュタイナーの指示』(自由ヴァルドルフ学校連盟教育研究所)があり、C・ハイデブラントの小冊子『自由ヴァルドルフ学校のカリキュラムについて』(フライエス・ガイステスレーベン社)もあります。幼児についてまとめた『シュタイナー教育小事典──子ども篇』(イザラ書房)も参考になるかもしれません。

シュタイナー全集のなかで教育講義録は第293～311巻の20冊ほど(約5000ページ)ですから、通読すること自体は、多少の語学力があれば大変な作業ではありません(シュタイナー教育の前提となる人智学の研究と、教育者としての人格の修養には労力を要するでしょう)。必要な箇所を調べるには、C・カルル『ルドルフ・シュタイナー講義録ハンドブック─第2巻』(ノヴァーリス出版社)や、M・メッテリ『ルドルフ・シュタイナー全集索引』(ルドルフ・シュタイナー出版社)を用いることもできます。

各教科・学年の概略を要約した本書を1つの足掛かりにして、みなさまがたの教育実践に一層の磨きがかけられると、ありがたく思います。

拙訳稿をチェックくださった、青山学院大学文学部教育学科教授で日本ホリスティック教育協会運営委員の今井重孝氏、自主学校〈遊〉教師の和知誠一郎氏、オイリュトミスト・オ

イリュトミー療法士の中谷三恵子さんに御礼申し上げます。
　そして、本書の刊行を引き受けてくださった風濤社の高橋栄社長、丁寧な編集をしていただいた廣井洋子さんに感謝いたします。

　2007年仲秋

西川隆範

出典

全集 34 巻『ルシファー・グノーシス──人智学基礎論文集』(1903 – 1908 年)

全集 192 巻『社会問題・教育問題の精神科学的処置』(1919 年)

全集 283 巻『音楽の本質と人間の音体験』(邦訳、イザラ書房)

全集 293 巻『教育学の基礎としての一般人間学』(邦訳、人智学出版社、創林社、筑摩書房、イザラ書房)

全集 294 巻『教育技芸──方法論と教授法』(邦訳、『教育術』みすず書房、『教育芸術──方法論と教授法』創林社、筑摩書房)

全集 295 巻『教育芸術──演習とカリキュラム』(邦訳、創林社、筑摩書房)

全集 300 巻『自由ヴァルドルフ学校教員会議録』(1919-1924 年)

全集 301 巻『精神科学による教育の改新』(邦訳、アルテ)

全集 302 巻『人間認識と授業形成』(邦訳、『14 歳からのシュタイナー教育』筑摩書房)

全集 302 a 巻『人間認識からの教育と授業』(1920-1923 年)

全集 303 巻『子どもの健全な成長』(邦訳、アルテ)

全集 305 巻『教育の根底を支える精神的・心魂的な力』(邦訳、『オックスフォード教育講座』イザラ書房、人智学出版社)

全集 306 巻『精神科学的人間認識の視点からの教育実践』(邦訳、『シュタイナー教育の実践』イザラ書房)

全集 307 巻『現代の精神生活と教育』(邦訳、『現代の教育はどうあるべきか』人智学出版社)

全集 308 巻『教育の方法』(邦訳、アルテ)

全集 309 巻『人智学的な教育学の前提条件』(1924 年)

全集 310 巻『人間認識の教育学的価値と教育学の文化的価値』(1924 年)

全集 311 巻『人間理解からの教育』(邦訳、筑摩書房)

ルドルフ・シュタイナー（Rudolf Steiner）

1861-1925年。ウィーン工科大学に学び、21歳でドイツ国民文学双書の『ゲーテ自然科学論文集』の編集を担当。1891年、フィヒテの知識学を扱った論文で哲学博士号を取得したのち、ベルリンで文芸・演劇評論誌を編集。20世紀に入ると同時に、ロシアの神秘思想家H・ブラヴァツキーの創始した神智学運動に加わり、1912年、アントロポゾフィー（人智学）協会を設立。独自の精神科学に基づいて、教育、医学、農業、建築、社会論などの分野に業績を残した。主著に『自由の哲学』（邦訳、人智学出版社、イザラ書房、筑摩書房）『神智学』（イザラ書房、筑摩書房、柏書房）『神秘学概論』（イザラ書房、人智学出版社、筑摩書房）、講義録に『神智学の門前にて』（イザラ書房）など多数ある。

西川隆範（にしかわ・りゅうはん）

1953年、京都市生まれ。スイスとドイツでシュタイナー精神科学を研究。シュタイナー幼稚園教員養成所（スイス）およびシュタイナー・カレッジ（アメリカ）客員講師を経て、多摩美術大学講師、自主学校〈遊〉オープンハイスクール講師、学校法人シュタイナー学園評議員。主な著書・訳書に『こころの育て方』（河出書房新社）『シュタイナー用語辞典』（風濤社）、『人間理解からの教育』『経済学講義』（ともに筑摩書房）『芸術と美学』（平河出版社）『人間の四つの気質』『精神科学から見た死後の生』『天使たち妖精たち』『星と人間』『色と形と音の瞑想』『あたまを育てる からだを育てる』『人体と宇宙のリズム』『人智学から見た家庭の医学』『自然と人間の生活』『こころの不思議』『身体と心が求める栄養学』『シュタイナーの美しい生活――建築から服飾そして言語』（いずれも風濤社）ほか多数。

http://blog.goo.ne.jp/steinereducation

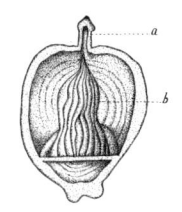

シュタイナー教育ハンドブック
Worte Rudolf Steiners zum Lehrplan
ルドルフ・シュタイナー著
西川隆範編訳

2007年　11月1日　初版第1刷　発行

装幀 ────── 北村武士
写真 ────── Bushi
編集協力 ──── 廣井洋子

発行 ────── 風濤社
発行者 ───── 高橋　栄
　　　　　　　東京都文京区本郷2-3-3　113-0033
　　　　　　　TEL.03-3813-3421
　　　　　　　FAX.03-3816-3422
　　　　　　　HP　http://futohsha.co.jp
　　　　　　　Email　tk@futohsha.co.jp
印刷 ────── 吉原印刷
製本 ────── 積信堂

　　　　　　　落丁・乱丁はお取替え致します。